Sláma / Kaplan · Die Parlamentswahlen in der Tschechoslowakei

Veröffentlichungen des Collegium Carolinum

Band 53

Herausgegeben vom Vorstand des
Collegium Carolinum
Forschungsstelle für die böhmischen Länder

R. OLDENBOURG VERLAG MÜNCHEN 1986

Die Parlamentswahlen in der Tschechoslowakei 1935 – 1946 – 1948

Eine statistische Analyse

von

Jiří Sláma
und
Karel Kaplan

R. OLDENBOURG VERLAG MÜNCHEN 1986

CIP-Kurztitelaufnahme der Deutschen Bibliothek

Sláma, Jiří: Die Parlamentswahlen in der Tschechoslowakei
1935–1946–1948 : e. statist. Analyse / von Jiří Sláma u. Karel Kaplan. –
München: Oldenbourg, 1986.
(Veröffentlichungen des Collegium Carolinum;
Bd. 53)
ISBN 3-486-52911-0

NE: Kaplan, Karel; Collegium Carolinum ‹München›:
Veröffentlichungen des Collegium . . .

Für Form und Inhalt trägt der Verfasser die Verantwortung.

Gesamtherstellung: Isar-Post, Landshut

ISBN 3-486-52911-0

INHALT

VORWORT

In der vorliegenden Publikation wird unseres Wissen zum erstenmal ein umfassender Versuch unternommen, die Wahlergebnisse in einem osteuropäischen Land mit Hilfe des modernen statistischen Instrumentariums zu analysieren[x]. Die Verteilung der Gesamtheit der Wählerstimmen auf die einzelnen Parteien ist aus der amtlichen Statistik bekannt. Die hier angewandte Methode macht es möglich, auch das Verhalten einzelner Wählergruppen - z.B. Landwirte, Arbeiter, Katholiken usw. - näher zu untersuchen.

Gegenstand der Analyse sind die Parlamentswahlen in der Tschechoslowakei in den Jahren 1935, 1946 und 1948. Alle drei Wahlen waren von besonderer Bedeutung und Tragweite für die Entwicklung der Tschechoslowakei in den letzten 50 Jahren.

Die Wahlen des Jahres 1935 haben mit dem Erdrutsch zugunsten der Sudetendeutschen Partei, die damit nach Stimmen die stärkste Partei in der Tschechoslowakei wurde, den Weg zur Zerschlagung der Tschechoslowakei in den Jahren 1938 und 1939 geebnet.

Die Wahlen des Jahres 1946 waren die letzten freien Wahlen in der Tschechoslowakei und in Osteuropa überhaupt. Durch den Sieg der Kommunistischen Partei wurden sie zu einem wichtigen Meilenstein auf dem Weg zur Errichtung des kommunistischen Machtmonopols. Zugleich liefern sie wertvolle Informationen über die politische Stimmung in dieser Zeit des volksdemokratischen Regimes.

Die Wahlen des Jahres 1948 waren die ersten, die in der Tschechoslowakei nach Errichtung des Machtmonopols der KPTsch auf der Basis einer Einheitsliste durchgeführt wurden. Trotzdem wurden damals noch nicht - wie später üblich - die fast 100 % Stimmen für die Einheitsliste erreicht. Der Bewertung der kommunistischen Führung zufolge haben ca. 25-30 % der Wähler auf verschiedene Art (leere Stimmzettel, ungültige Stimmen, Fernbleiben von der Wahl) Stellung gegen die Einheitsliste bezogen, so daß es berechtigt erscheint, auch diese Wahl in die statistische Analyse einzubeziehen.

Außer dem methodischen Ziel, mit dieser Arbeit zur Entwicklung der quantitativen Geschichtsforschung beizutragen und somit zu neuen exakteren Erkenntnissen zu gelangen, ging es uns auch darum, aufgrund unveröffentlichter Archivmaterialien der ČSSR die Nachkriegsentwicklung der Tschechoslowakei in den entscheidenden Jahren zwischen 1945 und 1948 näher zu beleuchten.

Unser Dank gilt dem Vorstand des Collegium Carolinum für die Aufnahme der Arbeit in die Reihe der "Veröffentlichungen" sowie in besonderem Maße Herrn Dr. Hans-Joachim Härtel und Herrn Dr. Michael Neumüller, die den Text durchgesehen und die Drucklegung betreut haben.

München, im Oktober 1985

Die Verfasser

x) Einige Ansätze in dieser Richtung finden sich schon bei J a h n, Egbert K.: Die Deutschen in der Slowakei in den Jahren 1918-1929. Ein Beitrag zur Nationalitätenproblematik. München-Wien 1971 (Veröffentlichungen des Collegium Carolinum 25) und bei S l á m a , Jiří: Die sozioökonomische Umgestaltung der Nachkriegstschechoslowakei. Zur Politik des kommunistischen Machtmonopols. Wiesbaden 1977. Eine Untersuchung für den slowakischen Teil der Tschechoslowakei haben die Verfasser als Working Paper Nr. 62 des Osteuropa-Instituts München im Dezember 1979 veröffentlicht. Diese Arbeit erschien in dem Sammelwerk: Wahlanalyse: Hypothesen, Methoden und Ergebnisse. Hrsg. v. Manfred J. H o l l e r München 1984 (unter dem Titel "Analyse der Wahlergebnisse in der Slowakei vor und nach dem Zweiten Weltkrieg mit Hilfe statistischer Methoden").

EINLEITUNG

Mehr als einmal stand die Tschechoslowakei in den dreißiger und vierziger Jahren dieses Jahrhunderts im Mittelpunkt der europäischen Geschichte. Das Münchener Abkommen des Jahres 1938 hat nicht nur die Zerschlagung eines kleinen mitteleuropäischen Staates eingeleitet, sondern auch den Weg in die Apokalypse des Zweiten Weltkrieges und zum grundlegenden Wandel der Hierarchie der Mächte im Weltmaßstab geebnet: Im Zuge dieser Entwicklung wurden zigmillionen Menschen getötet und unzählige ihrer sozialen Existenz und Heimat beraubt - vertrieben sowohl im räumlichen als auch im sozialen Sinne.

Die Errichtung des kommunistischen Machtmonopols in der Tschechoslowakei in den ersten Nachkriegsjahren, im Februar 1948 vollendet und besiegelt, erschien Zeitgenossen und späteren Beobachtern als ein warnendes Beispiel des Niedergangs und der Liquidierung eines demokratischen Systems auf scheinbar legitime Weise.

Die drei Parlamentswahlen, mit denen wir uns in der vorliegenden Studie befassen, spielten für diese Entwicklung eine wichtige Rolle.

Inmitten der weltweiten Wirtschaftsdepression und im Schatten des Aufstiegs des nationalsozialistischen Regimes im benachbarten Deutschen Reich wurde die Sudetendeutsche Partei Konrad Henleins im Jahre 1935 aufgrund erdrutschartiger Verlagerung der deutschen Stimmen zur stärksten Partei in der Tschechoslowakei.
So wurde zweifellos frühzeitig ein Zeichen für die künftige Entwicklung innerhalb und außerhalb der Tschechoslowakei gesetzt.

Im Jahre 1946, als sich die Tschechoslowakei nach Meinung ihrer Politiker - selbst mancher Kommunisten - noch als Brücke zwischen West und Ost verstand, wurden in einer relativ freien Wahl bereits die Grundlagen zur Beseitigung der Demokratie auf scheinbar legalem und verfassungstreuem Wege gelegt. Das Schicksal der Tschechoslowakei wurde für Jahrzehnte entschieden. Ein klares Zeichen dafür waren dann die noch vor 1948 angekündigten, danach jedoch zu einer Quasiwahl pervertierten Parlamentswahlen von 1948.

So wie die Zerschlagung der Tschechoslowakei in den Jahren 1938/39 durch einen anderen Wahlausgang im Jahre 1935 nicht hätte abgewendet werden können, so war es wohl auch kaum möglich, die

Alternative des Sowjetkommunismus mit innenpolitischen Kräften und Mitteln - etwa in den Wahlen von 1946 - zu verhindern. Trotzdem ist es aufschlußreich zu sehen, welche politischen, sozialen, wirtschaftlichen und religiösen Kräfte sich damals mit welchen Zielen, Mitteln und Teilerfolgen gegen die kommunistische Alternative zur Wehr setzten.

Die Art und Weise der Niederlage der antikommunistischen und demokratischen Kräfte hat im politischen Bewußtsein und Verhalten der Beteiligten - auch der Kommunisten - für lange Zeit tiefe Spuren hinterlassen und die weitere Entwicklung mitbestimmt. Auch der soziale Hintergrund dieser politischen Ereignisse muß neben dem Phänomen der machtpolitischen Entscheidung, die in diesen Jahren fiel, als ein langfristig wirkender Faktor der weiteren Entwicklung betrachtet werden.

Die Wahlen des Jahres 1946, die den Schwerpunkt dieser Untersuchung bilden, stellen nicht nur eine wichtige Schlacht im Kampf um die politische Zukunft des Landes dar, sie liefern uns auch eine Reihe sonst nicht vorhandener Informationen über die politische Einstellung der gesamten Bevölkerung zu dieser Zeit. Schon bei der bloßen Betrachtung dieser Daten nach Regionen und Ortschaften ist es möglich, verschiedene Erwartungen und Vermutungen bezüglich des Wählerverhaltens und der politischen Einstellung einzelner sozialer Gruppen zu formulieren und statistisch zu überprüfen. Die Verläßlichkeit derartiger Aussagen kann durch Auswahl und Zusammenfassung der Regionen eines spezifischen sozialen, nationalen, religiösen u.a. Profils und durch eine vergleichende Betrachtung der entsprechenden Merkmale und der Wahlergebnisse dieser Regionen verbessert werden.

Ein entscheidender Fortschritt bei der Auswertung der vorhandenen Informationen über alle drei Wahlgänge konnte durch statistische Methoden und Modelle und die Datenverarbeitungstechnik erreicht werden. Sie ermöglichen es, die Zahl der an das vorhandene Datenmaterial gerichteten Fragen zu erweitern und die Antworten quantitativ - einschließlich ihrer Vertrauens- und Fehlergrenzen - zu formulieren.

Es ist die Absicht der Verfasser, durch die Analyse der Wahlergebnisse in der Tschechoslowakei vor dem Zweiten Weltkrieg und vor allem nach 1945 sowohl die Kenntnisse über die politische Entwicklung in diesem Lande zu erweitern als auch die Möglichkeiten und Probleme bei der Anwendung der Modelle und Verfahren der statistischen Auwertung derartiger Daten zu demonstrieren.

Im weiteren werden drei Parlamentswahlen in der Tschechoslowakei untersucht:

19. Mai 1935,
26. Mai 1946,
30. Juni 1948.

Dies erfolgt mit Hilfe einer Kombination historiographischer und statistischer Methoden. Die Quellengrundlage einer solchen Untersuchung behandelt das erste Kapitel.

1. QUELLENLAGE

Die vorliegende Untersuchung stützt sich auf drei Gruppen von Quellen:

a) Archivmaterialien,
b) statistische Daten,
c) wissenschaftliche Literatur.

Entsprechend dem zeitlichen Schwerpunkt der Untersuchung (die Wahlen im Jahre 1946) und ihrem methodischen Anliegen (die statistische Analyse der Wahlen mit Hilfe der mehrfachen Regressionsanalyse) wurden bei der Untersuchung aller drei Parlamentswahlen (1935, 1946, 1948) nur die Quellen und Daten der Bevölkerungsstatistik völlig ausgeschöpft. Was die Archivquellen betrifft, sind sie bekanntlich für die Zeit nach 1945 kaum publiziert worden und schwer zugänglich. In dieser Hinsicht waren jedoch die spezielen Kenntnisse der geheimen Archive der Partei und der Regierung der Tschechoslowakei nach 1945 eines der Verfasser (Karel Kaplan) von Nutzen. Bestimmte Teile und Aspekte (statistische Methodologie, Kenntnis der Nachkriegsarchive) dieser Untersuchung sind daher ohne Vorläufer in der wissenschaftlichen Literatur.

Wissenschaftliche Literatur

Die wichtigsten zeitgenössischen Informationen und Untersuchungen über die politischen Parteien in der Tschechoslowakei und hauptsächlich über die Wahlen des Jahres 1935 bringen[1]:

E. Čapek: Politická příručka ČSR (Politisches Handbuch der ČSR), Prag 1931.

Ders.: Po volbách v květnu 1935 (Nach der Wahl im Mai 1935), Nové Čechy 18 (1935) 95 ff.

Ders.:Lesk a bída politických stran (Glanz und Elend der politischen Parteien), Volby 19 května 1935 (Die Wahl vom 19. Mai 1935), Nové Čechy 19 (1937) 159 ff.

P. Pražák: Přehled a program politických stran v Československu (Übersicht und Programm der politischen Parteien in der Tschechoslowakei), Prag 1935.

J. Náhlovský: Die Wahlen zum Abgeordnetenhaus im Mai 1935, in: Československá statistika (Tschechoslowakische Statistik), Bd. 134, Prag 1936, 7 ff.

Eine umfassende Untersuchung der politischen Entwicklung und insbesondere der Parteienlandschaft in der Ersten Tschechoslowakischen Republik haben einige Tagungen des Collegium Carolinum gebracht, vor allem:

Die demokratisch-parlamentarische Struktur der Ersten Tschechoslowakischen Republik, hrsg. v. K. Bosl, München-Wien 1975.

Die Erste Tschechoslowakische Republik als multinationaler Parteienstaat, hrsg. v. K. Bosl, München-Wien 1979.

Mit dem sozioökonomischen Hintergrund der tschechoslowakischen Parteien befaßte sich ferner:

F. Fousek: Československé politické strany a hospodářství (Die tschechoslowakischen politischen Parteien und die Wirtschaft), Prag 1938.

Die Analyse der Parlamentswahlen vom Mai 1946 war nie Gegenstand einer selbständigen wissenschaftlichen Arbeit. Die tschechoslowakischen Historiker behandelten diese Wahlen nur als Bestandteil der Nachkriegsentwicklung der Republik. Die Wahlkampagne und die politischen Folgen der Wahl berücksichtigen insbesondere:

J. Opat: O novou demokracii (Um die neue Demokratie), Prag 1966.

K. Jech: Probuzená vesnice (Das erwachte Dorf), Prag 1963.

J. Nedvěd: Cesta ke sloučení sociální demokracie a komunistické strany v roce 1948 (Der Weg zum Zusammenschluß der Sozialdemokratie und der Kommunistischen Partei im Jahre 1948), Prag 1968.

J. Belda, M. Bouček, Z. Deyl, M. Klimeš: Na rozhraní dvou epoch (Am Scheidepunkt zweier Epochen), Prag 1968.

V. Jarošová, O. Jaroš: Slovenské robotníctvo v boji o moc (Die slowakische Arbeiterschaft im Kampf um die Macht), Preßburg 1965.

Die angeführten Publikationen enthalten manche Angaben über die politischen Parteien und ihre Absichten vor den Wahlen und über die Folgen der Wahlen, doch gehen sie nicht über die zeitbedingten Wertungen der kommunistischen Führung hinaus.

Statistische Daten

Die statistische Analyse der Wahlergebnisse mit Hilfe der mehrfachen Regressionsanalyse ist nur dann möglich, wenn die Daten in einer ausreichenden Disaggregierung zur Verfügung stehen. Die unterste Ebene der Disaggregierung, auf der noch alle Daten für die Analyse sowohl vor als auch nach dem Zweiten Weltkrieg durchgehend zur Verfügung standen, war die Ebene des politischen (Verwaltungs-) Bezirks. Die Mehrzahl der hier vorgelegten Untersuchungen wurde auf dieser Ebene durchgeführt. Wegen den Unterschieden in der Verwaltungsgliederung und in der Veröffentlichungspraxis vor und nach dem Kriege war es in einigen Fällen notwendig, die Bezirke zusammenzufassen bzw. aufzuteilen. Dadurch ergab sich eine Zahl der Bezirke, die geringfügig von der abweicht, die normalerweise in den statistischen Publikationen der Tschechoslowakei auftaucht. Da der Schwerpunkt der Untersuchung die Wahl von 1946 betrifft, ist der Ausgangspunkt der Studie die Datenbasis und die administrative Gliederung des Jahres 1946. Daraus ergibt sich, daß die Ergebnisse der Wahl von 1935 in Karpatenrußland nicht untersucht wurden. Insgesamt wurden herangezogen:

110 Bezirke in Böhmen, 46 Bezirke in Mähren und Schlesien und 80 Bezirke in der Slowakei, das sind insgesamt 236 Bezirke in der Tschechoslowakei. Zum Vergleich: Die Gesamtzahl der Verwaltungsbezirke, für die die Wahlergebnisse des Jahres 1946 veröffentlicht wurden, betrug 242, und zwar 114 in Böhmen, 48 in Mähren und Schlesien und 80 in der Slowakei. Die Liste der 236 untersuchten Bezirke enthalten die Tabellen B 1 - B 7. In diesen Tabellen stellen wir dem interessierten Leser auch eine Auswahl der Daten nach Bezirken zur Verfügung, und zwar solche Daten, die außerhalb der Tschechoslowakei nur schwer zu beschaffen sind.

Bei den Daten unterscheiden wir zwei Gruppen: Es handelt sich zunächst um die Wahlergebnisse selbst. Unter dem Aspekt der statistischen Regressionsanalyse sind dies Daten der *abhängigen* Variablen, deren Verteilung aufgrund weiterer Bevölkerungsdaten erklärt werden soll. (Hier sehen wir davon ab, daß bei der Erklärung der Wahlergebnisse eines Jahres durch die Wahlergebnisse eines früheren Jahres diese ihre Stellung in der Analyse ändern und von einer abhängigen zu einer erklärenden Variablen werden.) Die Daten der *erklärenden* Variablen sind Daten über Merkmale der Bevölkerung wie z. B. sektorale Wirtschaftszugehörigkeit, Stellung im Beruf, Nationalität, Religion, Alter, Geschlecht usw.

Die Ergebnisse der Wahl von 1935 finden sich ausführlich im Band 134 der Československá Statistika unter dem Titel: Volby do poslanecké sněmovny v květnu 1935 (Die Wahlen zum Abgeordnetenhaus im Mai 1935), Prag 1936.

Die Ergebnisse der Wahlen nach dem Zweiten Weltkrieg wurden in den Nachrichten des Staatlichen Statistischen Amtes der Tschechoslowakischen Republik "Zprávy státního úřadu statistického" veröffentlicht, und zwar in den Heften 23-47 1946 und 67-82 1948.

Die demographischen Daten, die zur statistischen Erklärung der Wahlergebnisse und zur Untersuchung des sozialen Hintergrunds der Wahlen von 1935 dienen, wurden der letzten Volkszählung in der Vorkriegstschechoslowakei vom 1.12.1930 entnommen. Auch diese Daten wurden in der Československá Statistika in den für unsere Analyse besonders wichtigen Bänden 98, 104, 113 und 116 veröffentlicht. Zur Ergänzung wurden die Gemeindelexika für Böhmen, Mähren und Schlesien sowie für die Slowakei herangezogen.

Das erste volkszählungsartige Verzeichnis der Bevölkerung der Nachkriegstschechoslowakei wurde in den Jahren 1946 und 1947 erstellt. In der Slowakei wurde diese Aktion zum 1. Oktober 1946, im tschechischen Landesteil zum 22./23.Mai 1947 durchgeführt.

Die Publikation der Ergebnisse erfolgte für den tschechischen Teil der Republik in den Nachrichten des Staatlichen Statistischen Amtes, Heft 31-32, 33-36, 43-44, 49, 50-53 und 103-105 im Jahre 1948. Die Daten der slowakischen Volkszählung wurden entnommen aus: Statistická príručka Slovenska (Statistisches Handbuch der Slowakei), Preßburg 1947. Hier wurden auch die Wahlergebnisse aus dem Jahre 1946 in der Slowakei veröffentlicht, jedoch im Unterschied zur Publikation in den "Nachrichten" ohne die Zahl der leeren Zettel nach Bezirken. Die spätere Veröffentlichung der Volkszählungen von 1946 und 1947 in der Tschechoslowkei im Band 184 der Československá Statistika (Prag 1951) ist für die Analyse der Wahlen 1946 und 1948 nicht geeignet, weil sie sich nach der neuen Verwaltungsgliederung von 1949 richtet.

Einen Teil der Daten für die Volkszählung, die in den Nachrichten des Staatlichen Statistischen Amtes veröffentlicht wurden (die der Volkszählungen von 1946 und 1947) findet man auch in: Statistická příručka Československé republiky (Statistisches Handbuch der Tschechoslowakischen Republik) 1948, Prag 1948. Hier handelt es sich allerdings nur um die Gesamtzahl der Bevölkerung nach Bezirken der Jahre 1930 und 1947; die wichtigen Daten über die soziale und sonstige Bevölkerungsstruktur wurden hier nicht publiziert.

Das Nachschlagewerk Statistická ročenka Československa 1948 (Statistisches Jahrbuch der Tschechoslowakei 1948) stand uns als Quelle nicht zur Verfügung. Es wurde 1948 ausgedruckt, jedoch für geheim erklärt. Auch wenn später die Geheimhaltung aufgehoben wurde, ist es kaum anzunehmen, daß dieses Werk in wissenschaftlichen Bibliotheken der westlichen Länder verfügbar ist. Wir vermuten allerdings, daß uns dieses Jahrbuch kaum zusätzliche Informationen über die Ergebnisse der Volkszählungen 1946 und 1947 geliefert hätte. Die Publikation in den Nachrichten des Staatlichen Statistischen Amtes stellt somit die eigentliche Quellengrundlage dar.

2. DIE WAHLEN IM JAHRE 1935

Die historische Bedeutung der Parlamentswahlen des Jahres 1935

Die Wahlen zur Nationalversammlung am 19. Mai 1935 waren die letzten Parlamentswahlen in der Tschechoslowakei vor dem Zweiten Weltkrieg. Diese Wahlen fanden im sechsten Jahr seit Beginn der Weltwirtschaftskrise (1929) statt, von der sich das Land bis zu seiner Zerschlagung 1938/39 nicht wieder erholt hat. Im Unterschied zu vielen anderen Industrieländern Europas und der Welt steckte die tschechoslowakische Wirtschaft 1935 noch in einer tiefen Depression. Der Höhepunkt der Wirtschaftskrise war bereits 1933 mit nur noch 60,2 % der Industrieproduktion erreicht (1929 = 100 %). 1935 betrug der Index der Industrieproduktion 70,1 %. Im Vergleich zu 1929 wurden 1935 nur 67 % Braunkohle und 66 % Steinkohle gefördert und 44 % Eisen und 54 % Stahl produziert. Die Exporte erreichten lediglich 36 % und die Importe 34 % des Niveaus von 1929. Es gab 1935 noch 686.300 Arbeitslose, auf die Gesamtzahl der Industriearbeiter bezogen waren das immerhin 29,1 %[2].

Die tschechoslowakischen Parlamentswahlen fanden knapp zweieinhalb Jahre nach der nationalsozialistischen Machtergreifung in Deutschland statt und über drei Jahre vor dem Münchener Abkommen, das die Tschechoslowakei zunächst amputierte und ihre spätere Auflösung im März 1939 einleitete.

Diese historische Einordnung der tschechoslowakischen Parlamentswahlen 1935 weist auf das wichtigste Ergebnis dieser Wahl hin: Die Sudetendeutsche Partei, die der reichsdeutschen NSDAP nahestand, erhielt ca.zwei Drittel der deutschen Stimmen[3]. Diese Stimmenkonzentration der 3,5 Millionen starken deutschen Minderheit bei ca. 15 Millionen Bürgern der Tschechoslowakei hat dazu geführt, daß die Sudetendeutsche Partei mit 1.250.000 Stimmen und einem Anteil von 15,2 % gültigen Stimmen die stärkste tschechoslowakische Partei wurde. Obwohl die vorher führende Partei der tschechischen Agrarier im Vergleich mit 1929 absolut stärker wurde (1929: 1.105.000 Stimmen, 1935: 1.177.000 Stimmen) und relativ nur wenig abnahm (von 14,97 % auf 14,30 %), wurde sie durch die Konzentration der deutschen Stimmen auf die Sudentendeutsche Partei von dieser überrundet.

Diese Entwicklung zugunsten der Sudetendeutschen Partei ging auf Kosten aller Parteien, die früher von der deutschen Bevölkerung gewählt wurden. Betroffen waren sowohl rein deutsche Parteien als auch die internationalistische Partei der Kommunisten. Ein direkter Vergleich der Ergebnisse von 1929 und 1935 ist jedoch wegen der verschiedenen Wahlbündnisse nur bei der Deutschen Sozialdemokratischen Arbeiter-Partei möglich. Diese Partei hat 1935 rund 300.000 Stimmen erreicht, 200.000 weniger als im Jahre 1929. Relativ fiel das Absinken dieser Partei noch stärker aus, was damit zusammenhängt, daß die Gesamtzahl der abgegebenen gültigen Stimmen 1935 auf Grund der Zunahme der Wahlberechtigten und der größeren Wahlbeteiligung gestiegen war.

Die Zunahme der Wahlberechtigten betrug 9,5 %, die Wahlbeteiligung stieg von 91,6 auf 92,8 %. Das führte dazu, daß der Anteil der Stimmen für die deutschen Sozialdemokraten von 6,9 % im Jahre 1929 auf 3,6 % im Jahre 1935 sank[4] und die Zahl ihrer Mandate fast halbiert wurde: sie sank von 21 (1929) auf 11 (1935). Die Sudetendeutsche Partei dagegen erhielt von der Gesamtzahl der Mandate (300 im tschechoslowakischen Abgeordnetenhaus) 44.

Die Verluste der anderen deutschen Parteien zugunsten der Sudetendeutschen Partei sind anhand der zugeteilten Mandate ersichtlich: Die Mandate des Bundes der Landwirte sanken von 16 auf 5, die der Christlichsozialen Volkspartei von 14 auf 6[5].

Die Verluste der Kommunisten zugunsten der Sudetendeutschen Partei bei der deutschen Bevölkerung können anhand der kommunistischen Stimmenanteile in den überwiegend deutschen Bezirken (mit mehr als 90 % deutscher Bevölkerung) belegt werden[6]. Die Kommunistische Partei erhielt 1929 in diesen Bezirken Böhmens 10,8 % der Stimmen, 1935 aber nur noch gut die Hälfte dieses Prozentsatzes: 5,6 %. Die Verluste dieser Partei in Mähren und Schlesiens waren etwas geringer; hier sank der Anteil der Kommunisten von 4,9 auf 2,9 %. Nur weil die Kommunistische Partei unter den Tschechen in Böhmen und unter den Slowaken und Ungarn in der Slowakei ihre Position verbessern konnte und auch in Karpatenrußland zunahm, konnte sie ihren Stimmenanteil in der gesamten Tschechoslowakei von 10,2 (1929) auf 10,3 % (1935) geringfügig erhöhen. Bezüglich der Zahl der Mandate (30) blieb sie gleich stark. Absolut ist die Partei sogar von 753.000 auf 850.000 Wähler gestiegen. Die Zunahme der insgesamt abgegebenen

Stimmen hat allerdings dazu geführt, daß die Prozentanteile und die Zahl der Mandate unverändert blieben.

Die Ergebnisse der weiteren Parteien, die von der tschechischen und slowakischen Bevölkerung gewählt wurden, fielen weniger dramatisch aus. Der Anteil der Agrarier, der tschechischen Sozialdemokraten, der tschechischen Volkssozialisten und der tschechischen Volkspartei sank etwas, die Gewerbepartei nahm dagegen etwas zu. Stärkste slowakische Partei wurde wieder die Hlinka-Partei, die den Kern des autonomistischen Blocks darstellte; dieser erreichte 1935 in der Slowakei 30,1 % der Stimmen, 1929 waren es 28,3 % gewesen.

Statistische Untersuchung der Wahlergebnisse in den böhmischen Ländern

Bei der Wahl zum Abgeordnetenhaus im Jahre 1935 waren für 16 Kandidatenlisten einzelner Parteien oder deren Gruppierungen Stimmen abgegeben worden. Die Analyse der Wahlergebnisse in Böhmen wurde für 9 dieser 16 Listen einzeln durchgeführt, und zwar für folgende tschechische Parteien: Sozialdemokraten, Volkssozialisten, Volkspartei, Kommunisten und Faschisten; sowie für folgende deutsche Parteien: Sudetendeutsche Partei, Sozialdemokratische Partei, Christlichsoziale Volkspartei und Bund der Landwirte. Weil einige Parteien in der ganzen Republik bzw. in den böhmischen Ländern nur wenig Stimmen bekamen (die Wirtschaftspartei der Schuldner in der ČSR insgesamt bzw. der autonomistische Block in Böhmen), war es möglich, den Rest der Stimmen aggregiert zu untersuchen. Dieser entfiel nämlich auf eine ziemlich homogene Gruppe von Parteien: auf die Partei der Agrarier, die Partei der Gewerbetreibenden (Lemberg spricht von einer Satellitenpartei der Agrarier[7]) und auf die Nationale Vereinigung. Diese Gruppe kann als rechter Bürgerblock bezeichnet werden.

Bei der Analyse der Stimmabgabe wurden Daten über verschiedene Bevölkerungsmerkmale in 156 Bezirken der böhmischen Länder verwendet. Die Zahl der untersuchten Bezirke unterscheidet sich geringfügig von ihrer tatsächlichen Gesamtzahl der Jahre 1935 (151) und 1946 (162). Das rührt daher, daß mit Rücksicht auf die Datenverfügbarkeit und Vergleichbarkeit in einigen Fällen Aufteilungen und Zusammenschlüsse der Bezirksdaten vorgenommen werden mußten. Die Untersuchung wurde nicht nur für die Gesamtzahl der Bezirke der böhmischen Länder unternommen, sondern auch für bestimmte Teilmengen der Bezirke. Eine solche Aufteilung wurde grundsätzlich nach zwei Kriterien vorgenommen: Erstens wurden die Ergebnisse für Böhmen auf der einen Seite und die für Mähren und Schlesien auf der anderen Seite gesondert untersucht. Bei der zweiten Disaggregierung wird der nationalen Struktur der Bevölkerung in den böhmischen Ländern Rechnung getragen. Das führt dazu, daß die Ergebnisse gesondert für Bezirke mit nichtdeutscher, also tschechicher Mehrheit und für solche mit deutscher Mehrheit untersucht werden. Von den 156 untersuchten Bezirken liegen 110 in Böhmen und 46 in Mähren und Schlesien. Nach dem zweiten Kriterium ergeben sich 105 Bezirke mit nichtdeutscher und 51 mit deutscher Mehrheit.

Die gesonderte Betrachtung der Ergebnisse für Böhmen, Mähren und Schlesien ermöglicht es, das länderspezifische Wählerverhalten insgesamt und bezüglich einzelner Parteien in diesen Teilen der Tschechoslowakei zu analysieren. Die Aufteilung in deutsche und tschechische Bezirke ermöglicht es, die statistische Erklärung der Wahlergebnisse nach der Nationalitätenstruktur zu überprüfen, was später für die Erklärung des Wählerverhaltens bei der Wahl von 1946 wichtig ist. Dabei wird nämlich die Hypothese vom spezifischen Wählerverhalten der Neusiedler im Grenzgebiet untersucht und anhand dieser ausgewählten Bezirke überprüft.

Bei den zur Analyse der Stimmabgabe herangezogenen Bevölkerungsmerkmalen handelt es sich um die nationale und soziale Struktur sowie um die religiöse Zugehörigkeit der Bevölkerung. Die Merkmale der nationalen und sozialen Struktur wurden darüber hinaus auch kombiniert verwendet.

Um die Aufmerksamkeit auf die Hauptstrukturen zu lenken, wurden bei einzelnen Merkmalen die Untergruppen der Bevölkerung zu größeren Aggregaten zusammengeschlossen. Das bedeutet, daß bei der nationalen Struktur außer der "tschechoslowakischen" Zugehörigkeit auch noch die deutsche als Erklärungsmerkmal verwendet wurde; die anderen Nationalitäten wurden zu einem Rest aggregiert. Die entsprechenden Anteile für die böhmischen Länder betragen 68,5 %, 30,3 % und 1,2 % für den Rest.

Nach der sozialen Zugehörigkeit wurde die Bevölkerung in Selbständige, Beamte und Angestellte sowie Arbeiter aufgeteilt. Die Anteile dieser Gruppen in den böhmischen Ländern belaufen sich auf 33,5 %, 15,5 % und 50,9 %.

Nach der religiösen Zugehörigkeit der Bevölkerung ergaben sich folgende Gruppen: Katholiken, Protestanten, Angehörige der tschechoslowakischen Kirche und übrige Religionen (einschließlich der Konfessionslosen). Die entsprechenden Anteile in den böhmischen Ländern sind 77,8 %, 4,6 %, 7,3 % und 10,3 %.

Bei Behandlung der Wahlergebnisse in den böhmischen Ländern ist die unterschiedliche Bevölkerungsstruktur in den überwiegend tschechischen oder deutschen Gebieten zu berücksichtigen. In den überwiegend tschechischen Gebieten lebten im Jahre 1930 90,3 % Einwohner "tschechoslowakischer" Nationalität, 8,1 % Deutsche, 1,6 % entfielen auf den Rest der Bevölkerung, vor allem auf die Polen in Nord-Mähren und Schlesien. In den überwiegend deutschen Gebieten lebten 82,6 % Deutsche und 17 % Einwohner tschechoslowakischer Nationalität. Zu dieser nationalen Gliederung der Bevölkerung können weitere charakteristische Bevölkerungsmerkmale eindeutig hinzugefügt werden.

Das trifft z. B. für die Sozialstruktur der Bevölkerung zu. Es zeigt sich, daß der Anteil der Selbständigen bei den Deutschen niedriger war als bei den Tschechen: in der tschechischen Bevölkerung betrug er 34,9 %, in den überwiegend deutschen Gebieten dagegen 30,4 %. Da der Anteil der Beamten und Angestellten ungefähr gleich war, war der niedrigere Anteil der Selbständigen in den deutschen Bezirken mit einem höheren Anteil an Arbeiter verbunden: in den tschechischen Gebieten betrug er 49,5 %, in den deutschen 54,4 %.

Charakteristische Unterschiede sehen wir auch bei der religiösen Struktur der Bevölkerung. Der katholische Anteil war in den deutschen Gebieten bedeutend größer als in den tschechischen. In letzteren waren die Katholiken mit 74,4 % vertreten, in den deutschen dagegen mit 86 %. Während der Anteil der Protestanten mit 4-5 % ungefähr der gleiche war, verfügte die tschechoslowakische nationale Kirche in den tschechischen Landesteilen über nahezu 10 %. Der Rest der Religionen bzw. Konfessionslosen war in den tschechischen Landesteilen um fast 3 % höher als in den deutschen: 11 gegenüber 8,5 %.

Die analytische Betrachtung der Wahlergebnisse beginnt mit der Frage nach dem Zusammenhang zwischen Wahlergebnissen und *nationaler Struktur der Bevölkerung* (siehe Tab. A 1, A 5, A 9, A 13, A 17, A 21, A 25,

A 29, A 33, A 37). Die Parteienlandschaft der Vorkriegstschechoslowakei war bekanntlich fast durchwegs auf das nationale Kriterium ausgerichtet. Es gab nur eine einzige internationalistische Partei, die in der gesamten Bevölkerung vertreten war: die Kommunistische Partei der Tschechoslowakei.

Wenn man allerdings von der Fiktion eines tschechoslowakischen Volkes, dem sowohl Tschechen als auch Slowaken angehören sollten, absieht, zeigt sich, daß einige Parteien bei beiden Völker vertreten waren. Das trifft vor allem für die Partei der Agrarier zu, die 1935 in Böhmen 12,7 %, in Mähren und Schlesien 14,2 %, in der Slowakei 17,6 % und Karpatenrußland, das in dieser Studie nicht weiter berücksichtigt wird, sogar 19,6 % der abgegebenen Stimmen erhielt.

Sowohl in den böhmischen als auch in den slowakischen Landesteilen war die Tschechoslowakische Sozialdemokratische Arbeiterpartei gleichmäßig vertreten. Die National-sozialistische Partei, die auch als Volkssozialistische Partei bezeichnet wird, war in der Slowakei ebenfalls vertreten, allerdings in viel geringerem Maße als in den böhmischen Landesteilen. Es ist jedoch anzunehmen, daß ein Teil der Stimmen, die die tschechischen Parteien in der Slowakei erhielten, dort von tschechischen Einwohnern kam. Eine rein slowakische Partei war dagegen die Hlinka-Partei, die in der Wahl 1935 als die führende Kraft des autonomistischen Blocks auftrat. Diese Partei war in den böhmischen Landesteilen kaum vertreten.

Die Regressionsanalyse, bei der die Wahlergebnisse der Kommunistischen Partei im Zusammenhang mit der nationalen Zusammensetzung der Bevölkerung gebracht werden, zeigt, daß der Anteil der Kommunisten bei den tschechischen Wählern ca. 11 % und bei den deutschen Wählern ca. 6 % betrug. Diese Prozentanteile stimmen sehr gut mit denen überein, die für die überwiegend tschechischen und überwiegend deutschen Bezirke direkt errechnet wurden.

Bemerkenswert ist das Wahlverhalten der Tschechen in den deutschen und der Deutschen in den tschechischen Gebieten: offenbar haben nur solche Deutsche für die Kommunistische Partei gestimmt, die in deutschen Bezirken lebten. Die Tschechen haben dagegen für die Kommunistische Partei sowohl in deutschen als auch in tschechischen Bezirken votiert. Festzuhalten ist auch, daß die Kommunistische Partei anders als die übrigen Parteien beträchtliche Anteile bei den anderen Nationalitäten erhielt, z. B. in zwei schlesischen Bezirken mit hohem polnischen Bevölkerungsanteil.

Die Stimmanteile der anderen, eindeutig national orientierten Parteien wurden durch die Regressionsanalyse übereinstimmend mit den Ergebnissen der Direktberechnung bestimmt. Mit Hilfe dieser Regressionsanalyse konnte die plausible Vermutung, daß die national orientierten Parteien kaum Stimmen von den Wählern der jeweils anderen nationalen Gruppe erhielten, noch einmal überprüft werden. Wenn man von den kommunistischen Anteilen bei Tschechen und Deutschen absieht, erzielten die tschechischen Parteien bei den Tschechen folgende Prozentsätze an Stimmen: der für den Zweck dieser Analyse zusammengestellte Block der Agrarier, der Partei der Gewerbetreibenden und der Nationalen Vereinigung bekam um 41 %, die tschechischen Sozialdemokraten um 18 %, die Volkssozialisten um 15 %, die Volkspartei um 12 % und die Faschisten um 3 %.

Die deutschen Parteien haben bei den Deutschen folgende Prozentsätze erreicht: Die Sudetendeutsche Partei ca. 67 %, die deutsche Sozialdemokratische Partei ca. 16 %, die Christlichsoziale Volkspartei ca. 7 % und der Bund der Landwirte ca. 6%.

Die Ergebnisse in überwiegend tschechischen und überwiegend deutschen Bezirken entsprechen den Stimmanteilen bei den einzelnen Nationalitäten. Bestimmte Unterschiede bestehen allerdings bei einigen Parteien im Stimmverhalten der Wähler in Böhmen einerseits und in Mähren und Schlesien anderseits.

So zeigt sich, daß die Sudetendeutsche Partei offensichtlich besser in Böhmen als in Mähren-Schlesien ankam. Das hängt sicherlich damit zusammen, daß sowohl die Christlichsoziale Volkspartei der Deutschen als auch der Bund der Landwirte in Mähren bessere Ergebnisse erreichten und bei dem allgemeinen Erdrutsch zugunsten der Sudetendeutschen Partei in Mähren ihre Stellung besser halten konnten.

Die Situation der Sudetendeutschen Partei bezüglich der Wahlergebnisse in Böhmen und in Mähren war mit der des Agrarierblocks vergleichbar. Auch der Agrarierblock war in Böhmen viel stärker als in Mähren-Schlesien. Ebenso hatte die tschechische Sozialdemokratie in Böhmen mehr Anhänger als in Mähren. Die Erklärung hierfür - vor allem was den Stimmanteil der Agrarier betrifft - liegt in den besseren Ergebnissen der Volkspartei bei der mährischen im Vergleich zur böhmischen Bevölkerung.

Es folgen die Ergebnisse einzelner Parteien bei den verschiedenen sozialen Schichten der Bevölkerung (siehe Tab. A 2, A 6, A 10, A 14, A 18, A 22, A 30, A 34, A 38). Wie bereits erwähnt, werden hier folgende drei große Bevölkerungsgruppen zur Analyse der Wahlergebnisse herangezogen: die Selbständigen, die Beamten und Angestellten sowie die Arbeiter. Die statistische Erklärung der Wahlergebnisse wurde zunächst nach den sozialen Gruppen der Bevölkerung ohne Rücksicht auf ihre nationale Zugehörigkeit vorgenommen. Da, wie schon festgestellt wurde, die Stimmanteile einzelner, national orientierter Parteien ohne weiteres ausschließlich der entsprechenden nationalen Gruppe zugeordnet werden können (mit Ausnahme der Kommunistischen Partei), war es weiter möglich, dementsprechend bei der Regressionsanalyse die Stimmen einzelner Parteien zugleich auf national und sozial definierte Gruppen zu beziehen.Auf diese Weise war es möglich, die Stimmen der tschechischen Selbständigen, Beamten und Angestellten sowie Arbeiter auf die einzelnen tschechischen Parteien aufzuteilen und mit dem deutschen Bevölkerungsanteil ebenso zu verfahren (siehe Tab. A 3, A 7, A 11, A 15, A 19, A 23, A 27, A 31, A 35, A 39).

Auf Grund dieses Vorgehens erwies sich, daß sich die Stimmen der tschechischen Selbständigen auf die Agrarier, die Volkspartei und die Faschisten aufgeteilt haben. Die Anteile dieser Parteien bei den Selbständigen waren allerdings sehr unterschiedlich. Während der Block der Agrarier ungefähr drei Viertel der Stimmen der tschechischen Selbständigen für sich gewinnen konnte, kam die Volkspartei auf ungefähr 20 %[8] und die Faschisten auf kaum 5 % der Stimmen. Von den Beamten und Angestellten tschechischer Nationalität wurden folgende vier Parteien gewählt: Der Block der Agrarier mit nahezu der Hälfte der abgegebenen Stimmen, die Volkssozialistische Partei mit 30-35 %, die tschechische Sozialdemokratische Partei mit ca. 13 % und die Kommunisten mit ca. 7 % der Stimmen.

Von den Stimmen der tschechischen Arbeiter haben sich die Sozialdemokraten ungefähr 37 %, die Kommunisten ca. 20 %, die Volkssozialisten ca. 15 % und schließlich die Volkspartei rund 7 % geholt[9].

Wie war nun die Situation bei den deutschen Parteien in Böhmen und Mähren-Schlesien? Ein eindeutiges Übergewicht hatte natürlich die Sudetendeutsche Partei. Das Bild bei den einzelnen sozialen Schichten der Deutschen in den tschechischen Landesteilen der Tschechoslowakei ist allerdings sehr unterschiedlich. Zwei Parteien, die Christlichsoziale Volkspartei und der Bund der Landwirte, die vor allem auf dem Lande relativ stark waren, erreichten jeweils an die 30 % der Stimmen der Selbständigen. Die Sudetendeutsche Partei wurde dadurch bei den Selbständigen unter die Fünfzigprozentmarke gedrückt. Bei den Beamten und Angestellten erhielt die Henlein-Partei dagegen fast drei Viertel der Stimmen, der Rest entfiel auf die Sozialdemokraten mit ca. 25 % und auf die Kommunisten mit ca. 3 %. Ungefähr das gleiche Ergebnis erzielte die Sudetendeutsche Partei bei den Arbeitern; hier haben die Sozialdemokraten ca. 16 %, die Kommunisten an die 8 % der Stimmen erhalten.

Abschließend soll noch der Zusammenhang zwischen den Wahlergebnissen und der religiösen Struktur der Bevölkerung betrachtet werden (siehe Tab. A 8, A 12, A 16, A 20, A 24, A 28, A 32, A 36, A 40). Auch hier wird das Stimmverhalten nach nationaler Zugehörigkeit untersucht.

Als Grundlage dafür dient die Analyse des Wahlverhaltens in überwiegend tschechischen und überwiegend deutschen Bezirken von Böhmen und Mähren-Schlesien. Von den tschechischen katholischen Wählern wurde an erster Stelle der Block der Agrarier gewählt, unmittelbar an zweiter Stelle die Volkspartei. Bei den tschechischen protestantischen Wählern konnten die Volkssozialisten und die Kommunisten starke Gewinne verzeichnen. Bei den Bürgern der tschechoslowakischen Kirche war erwartungsgemäß die Volkssozialistische Partei führend. Auch hier konnten die Kommunisten ein relativ gutes Ergebnis erzielen. Stark war hier auch der Block der Agrarier. Beim Rest der Bevölkerung konnten sich im Hinblick auf seine religiöse Zugehörigkeit, womit allerdings beim tschechischen Bevölkerungsteil vor allem die Konfessionslosen gemeint sind, neben dem Agrarierblock noch Sozialdemokraten, Volkssozialisten und Kommunisten relativ gut behaupten.

Das Wahlverhalten der deutschen Bevölkerung nach ihrer religiösen Zugehörigkeit ist natürlich vom Übergewicht der Sudetendeutschen Partei in allen drei hier in Frage kommenden religiösen Gruppen, d.h. bei den Katholiken, den Protestanten und den Angehörigen anderer Konfessionen (die tschechoslowakische Kirche war allein auf den tschechischen Bevölkerungsteil beschränkt) gekennzeichnet. Auffällig ist hier nur eine relativ stärkere Position der Sudetendeutschen Partei bei den Protestanten. Das hängt ganz offensichtlich damit zusammen, daß auf jede der drei deutschen Parteien, die Sozialdemokraten, die Christlichsozialen und den Bund der Landwirte wie übrigens auch auf die Kommunisten, ein Teil der Stimmen der katholischen Wähler entfiel. An den Stimmen der protestantischen deutschen Wähler haben dagegen - außer der Sudetendeutschen Partei - nur zwei weitere Parteien partizipiert: die deutschen Sozialdemokraten und die Kommunistische Partei.

Statistische Untersuchung der Wahlergebnisse in der Slowakei

Für die Slowakei war im Vergleich zu den böhmischen Landesteilen eine stärkere Konzentration der Wählerstimmen auf einige wenige Parteien charakteristisch. Die zwei stärksten Parteien, die Hlinka-Partei - die den Kern des autonomischen Blocks bildete - und die Partei der Agrarier, konnten fast die Hälfte aller Wählerstimmen auf sich vereinigen. In Böhmen dagegen haben die beiden stärksten Parteien zusammen nur ein Drittel der Wählerstimmen erhalten und in Mähren sogar weniger als 30 %. Deshalb war es möglich, in der Slowakei durch die Analyse der abgegebenen Stimmen für nur fünf Parteien ungefähr 90 % der Stimmen direkt zu erfassen. Für die folgenden Parteien wurden die abgegebenen Stimmen einzeln untersucht:

Die Autonomisten erhielten 30,14 %, die Agrarier 17,65 %, die Magyarische Nationale Partei 14,15 %, die Kommunisten 12,97 % und die Sozialdemokraten 11,35 % der Wählerstimmen. Die restlichen Stimmen, deren Abgabe nicht einzeln analysiert wurde, fielen auf die Volkssozialisten mit 3,2 %, die Gewerbepartei mit 2,6 %, die Volkspartei mit 2 %, die Sudetendeutsche Partei mit 1,7 %, die Nationale Vereinigung mit 1,6 % und die deutsche Sozialdemokratie mit 0,3 %.

Ähnlich, wenn auch nicht so ausgeprägt wie in den böhmischen Ländern war auch die slowakische Gesellschaft national heterogen, was sich auch in der Parteienlandschaft widerspiegelte: Abgesehen von der internationalistischen Kommunistischen Partei agierten in der Slowakei hauptsächlich eindeutig national orientierte Parteien. Neben den vom böhmisch-mährischen Landesteil her bekannten Parteien der Deutschen und Tschechen waren das die Hlinka-Volkspartei als stärkste Partei der Slowaken und die Magyarische Volkspartei.

Der Anteil der slowakischen Bevölkerung in der Slowakei lag mit 72 % höher als der Anteil der tschechischen Bevölkerung in den böhmischen Ländern. Während dort aber der Rest der Bevölkerung fast ausschließlich aus Deutschen bestand, teilte er sich in der Slowakei auf mehrere Nationalitäten auf: Magyaren 17,6 %, Deutsche 4,5 %, Russen 2,8 % und Juden 2 %. Somit waren die Magyaren die stärkste nationale Minderheit in der Slowakei. Ihre Konzentration in geschlossenen Siedlungsgebieten war nicht so ausgeprägt wie bei den Deutschen in Böhmen, Mähren und Schlesien. Aus diesem Grunde war es nicht notwendig, die ganze Untersuchung der Wahlergebnisse in der Slowakei konsequent nach nationalen Teilgebieten durchzuführen; nur in einem Teil wurden die 64 slowakischen und 16 magyarischen Bezirke gesondert analysiert. Dabei wurden von den Bezirken, in denen Magyaren stark vertreten waren, diejenigen mit über 30 % Magyaren erfaßt.

Die Sozialstruktur der Bevölkerung in der Slowakei entsprach dem niedrigeren wirtschaftlichen Entwicklungsstand dieses Landes. Der Anteil der Landwirtschaft war höher, der der Industrie niedriger als in den böhmischen Ländern. Entsprechend höher war auch der Anteil der Selbständigen, entsprechend niedriger der Anteil der Arbeitnehmer.

Von der berufstätigen Bevölkerung waren nach der Volkszählung des Jahres 1930 ungefähr 22 % in der Industrie tätig, und zwar beinahe 5 % als Selbständige und 17 % als Arbeitnehmer, d.h. als Arbeiter, Beamte und Angestellte. Der Anteil der in der Land- und Forstwirtschaft Berufstätigen betrug ungefähr 47 %; 26 % waren selbständig und 21 % Arbeitnehmer. Im Dienstleistungssektor arbeiteten ungefähr 32 %: 12 % als Selbständige, 20 % als Arbeitnehmer.

Ein weiteres Bevölkerungsmerkmal, das bei der Untersuchung berücksichtigt wurde, ist die Religion. In dieser Hinsicht wurden die drei stärksten Konfessionen erfaßt, und zwar die römisch-katholische mit 71,6 %, die protestantische mit 16,7 % und die griechisch-katholische mit 6,4 %. Den Rest der Bevölkerung bildeten mit ca. 4 % vor allem die Juden. Der Anteil der Konfessionslosen war in der Slowakei weitaus geringer als im böhmisch-mährischen Landesteil. Die tschechoslowakische nationale Kirche, die in den böhmischen Ländern mit 7 % vertreten war, hatte in der Slowakei kaum Anhänger.

Die Darstellung der Ergebnisse der statistischen Untersuchung beginnen wir mit dem Zusammenhang zwischen den Wahlergebnissen und dem N a t i o n a l p r o f i l d e r B e v ö l k e r u n g (siehe Tab. A 92-A 94). Offenbar bekamen anders als in den böhmischen Landesteilen in der Slowakei außer den Kommunisten noch weitere Parteien bei allen Nationalitäten Stimmen. Hierin war die Position der Sozialdemokraten sogar noch ausgeprägter. Sie sind zwar relativ schwach, jedoch eindeutig signifikant bei allen Nationalitäten vertreten. Die Kommunisten scheinen dagegen bei den Russen und beim Rest der Nationalitäten - den Deutschen und den Juden - kaum signifikant vertreten zu sein. Am stärksten waren die Kommunisten an den Wählerstimmen der Magyaren (ca. 30 %) beteiligt. Die Sozialdemokraten waren offensichtlich am stärksten bei der slowakischen Bevölkerung (11 % - 13 %) vertreten.

Auch die Agrarier haben signifikante Stimmanteile von mindestens drei Nationalitäten bekommen: von den Slowaken bzw. Tschechen, den Magyaren und den Russen. Die restlichen Parteien waren eindeutig mononational. Das trifft offensichtlich sowohl für die gesondert untersuchten Parteien zu, wie die Autonomisten und die Magyarische Nationalpartei, als auch für den Rest der Parteien. Der autonomistische Block konnte auf sich ungefähr 45 % der Stimmen der slowakischen Bevölkerung vereinigen, die Magyarische Nationalpartei hat mit ihrem Wahlbündnis mehr als 55 % der magyarischen Stimmen gewonnen.

Betrachtet man den s o z i a l e n H i n t e r g r u n d (siehe Tab. A 95 - A 96) der Wahlen, so zeigt sich, daß die stärkste Gruppierung - der autonomistische Block - in gleichem Maße die Stimmen der landwirtschaftlichen und der industriellen Bevölkerung an sich ziehen konnte: in beiden Fällen gewann er mehr als 50 % der Stimmen dieser Bevölkerungsgruppen. Das war sehr wichtig im Wettbewerb mit der zweitstärksten Partei in der Slowakei - den Agrariern. Diese Partei konnte nämlich kaum Positionen bei der Industriebevölkerung gewinnen; sie war lediglich im Dienstleistungssektor schwach vertreten.

Der Vergleich zwischen den Autonomisten und den Agrariern zeigt auch, wie unterschiedlich ihre Positionen bei der landwirtschaftlichen Bevölkerung waren. Wenn wir nämlich noch die

Verteilung der landwirtschaftlichen Bevölkerung auf Selbständige und Arbeitnehmer berücksichtigen, so zeigt sich, daß die Agrarier von den Arbeitnehmern auf dem Lande kaum gewählt wurden, die Autonomisten dagegen in dieser Schicht eine sehr starke Position innehatten.

Die anderen Parteien konnten in der Landwirtschaft nur an den Stimmen der Arbeitnehmer partizipieren. Die Kommunisten waren dabei bei dem landwirtschaftlichen Proletariat stärker als die Sozialdemokraten vertreten, bei der industriellen Bevölkerung war es dagegen umgekehrt. Dies trifft allerdings nur für die 64 slowakische Bezirke zu. In den 16 stark magyarischen Bezirken waren die Sozialdemokraten beim Landproletariat kaum vertreten, während dort die Kommunisten ungefähr ein Drittel dieser Schicht für sich gewinnen konnten. Die Mehrheit wählte hier allerdings die Magyarische Partei. Auch bei der Industriebevölkerung in den magyarischen Bezirken kamen die Kommunisten auf einen fast doppelt so hohen Anteil als die Sozialdemokraten.

Die Analyse der Wahlergebnisse des Jahres 1935 in der Slowakei schließt mit der Betrachtung des r e l i g i ö s e n H i n t e r g r u n d s der Wahlen (siehe Tab. A 97 - A 99).

Auch in der statistischen Analyse erweist sich die Hlinka-Partei als ausschließlich katholische Partei. Sie konnte ungefähr die Hälfte der römisch- und griechisch-katholischen Stimmen auf sich vereinigen. Die Agrarier dagegen konnten außer bei der griechisch-katholischen und römisch-katholischen Bevölkerung auch hohe Anteile bei den Protestanten erreichen. Die Protestanten waren im Wählerpotential der sozialistischen Parteien - der Sozialdemokraten und der Kommunisten - relativ stärker als Angehörige anderer Religionen vertreten. Signifikante Stimmanteile erhielt die Sozialdemokratische Partei in der Slowakei auch von der jüdischen Bevölkerung.

3. DIE WAHLEN IM JAHRE 1946

Die Vorbereitung

Am 26. Mai 1946 fanden in der Nachkriegstschechoslowakei die einzigen freien Parlamentswahlen auf der Basis des gleichen, direkten, allgemeinen und geheimen Wahlrrechts unter Beteiligung mehrerer politischer Parteien statt. Gewählt wurde die Verfassungsgebende Nationalversammlung. Die Vertretung der einzelnen Parteien in der Nationalversammlung erfolgte nach dem Verhältniswahlrecht. Das Wahlrecht bekam nur die slawische Bevölkerung der Republik[10].

Bis zur Wahl der Verfassungsgebenden Nationalversammlung übten die gesetzgebende Macht vom April 1945 bis zum 28. Oktober 1945 die Regierung und der Präsident der Republik mit den von ihnen herausgegebenen Dekreten aus, danach bis Ende Mai 1946 die provisorische Nationalversammlung, die auf Grund der Vereinbarung aller sechs politischen Parteien über eine paritätische Vertretung durch Wahlmänner in indirekter Wahl gewählt wurde[11].

Die Legislaturperiode der Verfassungsgebenden Nationalversammlung wurde gesetzlich auf maximal zwei Jahre bestimmt[12]. In dieser Zeit sollte die Nationalversammlung der Republik eine neue Verfassung geben und die Legislative ausüben. Bislang galt die Verfassung aus dem Jahre 1920. Manche ihrer Bestimmungen waren allerdings durch politische und sozio-ökonomische Veränderungen nach dem Kriege schon überholt; das galt u.a. auch für die Bestimmungen, die das Parlament und seine Wahl selbst betrafen. Die Nationalversammlung begann ihre Tätigkeit 1945 als ein Ein-Kammer-Parlament, vor dem Kriege hatte auch eine zweite Kammer, der Senat, bestanden. Das Gesetz über die Verfassungsgebende Nationalversammlung hat anders als die Verfassung von 1920 die Verankerung der slowakischen Nationalorgane in der Verfassung von der Zustimmung der Mehrheit der anwesenden slowakischen Abgeordneten abhängig gemacht. Geändert wurde auch das Wahlrecht. Die Altersgrenze der Wähler sank von 21 auf 18 Jahre, auch Soldaten und Mitglieder der Sicherheitskräfte erhielten das Wahlrecht[13].

Die Wahl des neuen Parlaments fand ein Jahr nach dem Zweiten Weltkrieg statt. In dieser Zeit machte die tschechoslowakische Gesellschaft einen tiefgreifenden politischen und sozio-ökonomischen Wandel durch. Die erste und wichtigste Etappe der sozialen Reformen wurde bis zum Jahreswechsel 1945/46 vollendet. Im politischen Bereich war die Verschiebung nach links am wichtigsten, die nicht nur in der Bevölkerung,sondern auch in der parteipolitischen Struktur des Landes erfolgte. Die traditionellen politischen Parteien der Rechten wurden verboten, ohne daß man dagegen Widerstand geleistet hätte. Die zugelassenen Parteien hatten sozialistische oder sozialreformerische Programme. Die wichtigsten sozialökonomische Reformen waren die umfangreiche Nationalisierung der Industrie (ungefähr 60 % der Produktion) und aller Banken sowie die erste Etappe der Bodenreform,in der vor allem Landarbeiter und Kleinbauern Boden sowie die landwirtschaftlichen Betriebe der zwangsausgesiedelten Deutschen erhielten.

Durch diese tiefgreifenden Maßnahmen hat die tschechoslowakische Gesellschaft vor allem in ihren Klassen- und Sozialstruktur ein neues Gesicht erhalten. Die Randgruppen der Sozialstruktur verschwanden völlig oder wurden wesentlich schwächer. Das betraf einerseits die Besitzer des großen Kapitals und dessen politische Repräsentation, andererseits die untersten Sozialschichten, deren soziale Position durch das Eigentum der ausgesiedelten Deutschen über Nacht verbessert wurde.

Neu gestaltet und stabilisiert wurden auch die parteipolitischen Verhältnisse. Die politisch aktiven Bürger verteilten sich auf vier tschechische und zwei slowakische Parteien. Spätere Änderungen der Parteienlandschaft waren nicht mehr bedeutend. Mit dem Jahre 1945 endete auch der Zeitabschnitt, in dem die politischen Parteien ihre Rolle in der Gesellschaft bestimmen konnten. Am wichtigsten erwies sich unter diesem Aspekt in Böhmen und Mähren der definitive Austritt der Volkssozialistischen Partei aus dem sozialistischen Block (es handelte sich dabei um eine Einheitsfront aller drei Parteien, die sich zum Sozialismus bekannten: die Volkssozialisten, die Kommunisten und die Sozialdemokraten). Die Volkssozialisten, Partei der linken Mitte, näherte sich nun der rechten Mitte, der (christlichen) Volkspartei. Die parteipolitische Aufteilung der tschechischen Gesellschaft auf die Linke (Kommunisten und Sozialdemokraten) und die Rechte (genauer gesehen die Mitte) vollzog sich zwar schon in der Vorwahlzeit, aber der Kampf aller Parteien gegen alle ließ diese Konstellation nicht eindeutig erkennen.

Zu Ende des ersten Nachkriegsjahres verebbte die revolutionäre Welle in Europa. Die allgemeine Verschiebung nach links zugunsten radikaler politischer Parteien und Gruppierungen ging in Mitteleuropa zu Ende. Bei den Parlamentswahlen in Österreich im Dezember 1945 und in Ungarn im November 1945 erlitten die Kommunisten unverwartet schwere Niederlagen[14]. Die Repräsentanten einiger europäischer kommunistischer Parteien haben ihren Genossen in der Tschechoslowakei ein ähnliches Schicksal vorausgesagt[15]. Auch nichtkommunistische Politiker in Prag und im Ausland rechneten für die Tschechoslowakei mit einer ähnlichen Entwicklung. Die in Mitteleuropa beginnende politische Wende berührte die tschechoslowakische Gesellschaft jedoch nur wenig. Das hing in dieser Zeit mit starken nationalen antideutschen und antiungarischen Ressentiments zusammen. Die Ursachen dafür waren innerhalb des Landes zu suchen. Die politischen Parteien haben diese Emotionen bewußt genährt. Darüberhinaus wurden sie durch die gerade ablaufende Aussiedlung der Deutschen aus der Tschechoslowakei und durch das Bestreben der Prager Regierung, auch die Bürger ungarischer Nationalität auszusiedeln, verstärkt.

In dieser Zeit nationaler Hochstimmung waren jedoch auch andere Töne zu hören, die als Vorzeichen für künftige Konflikte und Schwierigkeiten gedeutet werden konnten. Nach fünf Monaten der Äußerungen eines gesteigerten nationalen Selbstbewußtseins begann für die Gesellschaft das Alltagsleben.

Schon Ende 1945 machten sich die ersten Anzeichen von Unzufriedenheit mit der Regierungspolitik bemerkbar. In der Presse, selbst der der Regierungsparteien, erschienen kritische Aufsätze, die Pflichtabgaben von landwirtschaftlichen Produkten an den Staat sanken, es kam zu Demonstrationen der Studenten gegen zwei Minister, und die Gruppen der qualifizierten Arbeiter verurteilten die Lohnnivellierung seitens der Regierung.

Die Regierung befaßte sich mit diesen Problemen in dem geheimen Teil ihrer Sitzungen vom 11. und 14. Dezember 1945. Die Minister konstatierten,"daß wir in manchen Dingen unter starkem Mangel leiden und daß hier triftige Gründe für die Unzufriedenheit bestehen", "daß wir in einer zerstörten Atmospäre leben, wo wirklich ein kleiner Funke einen Brand auslösen kann ..., es ist eine natürliche Reaktion auf die ersten Monate unkritischer Freude über die Befreiung und patriotischer Feste und Manifestationen. Wir sind in einer Zeit harter Arbeit angelangt, die mit so mancher Enttäuschung derer, die falsche Vorstellungen hegten, verbunden ist. Das ist allerdings eine günstige Atmospäre für verschiedene Elemente, die im trüben fischen".

Die Minister bewerteten zwar die Situation und ihre Ursachen unterschiedlich, sie stimmten jedoch darin überein, daß das uneinige Vorgehen der Regierungsmitglieder dazu beigetragen hatte. Aus diesem Grunde sahen sie den Ausweg in der Erneuerung und Festigung des gemeinsamen Programms der Regierungsparteien[16].

Die Pläne der Regierung waren allerdings unrealistisch, da die Entwicklung in die entgegensetzte Richtung ging. Die Konfliktpunkte der politischen Parteien nahmen zu, wodurch die Annäherung erschwert wurde. Zu den Kontroversen über die Art und Weise der Realisierung der Regierungspolitik und über die Verteilung der Machtpositionen kam der beginnende Wahlkampf hinzu. Hier trat immer mehr zutage, worin sich die Parteien unterschieden und warum sich die Konflikte verschärft hatten.

Die Tiefe und Schärfe der Konflikte kann man an der Überlegung des KP-Vorsitzenden Klement Gottwald von Ende Oktober 1945, die Volkssozialisten aus der Regierung[17] auszuschließen, sowie an dem öffentlichen Angriff der Kommunisten auf den Justizminister ablesen, der für den langsamen Verlauf der Gerichtsverfahren gegen tschechische Kollaborateure der Okkupationsmacht verantwortlich gemacht wurde[18]. Nichtkommunistische Parteien kritisierten das ungesetzliche Vorgehen von Kommunisten in den Machtorganen und traten entschieden gegen solche Praktiken im Sicherheitsdienst auf[19]. Zu den Konflikten zwischen den Parteien kam es auch bei der Besetzung von Positionen, vor allem in Polizeieinheiten, wo die Kommunisten alle wichtigen Stellen innehatten und es entschieden ablehnten, Mitglieder anderer Parteien daran zu beteiligen. Außerordentlich scharfe Konflikte rief die Besetzung der Stelle des Sicherheitsreferenten des Landesnationalausschusses in Böhmen hervor. Sie war bereits im Mai 1945 von den Kommunisten besetzt worden. Im Januar 1946 wurde sie von den Volkssozialisten beansprucht. Die Kommunisten lehnten ab und begründeten ihre Hartnäckigkeit damit, daß nur die Partei, die das Vertrauen der Arbeiterschaft besitze, also die eigene, über die Sicherheitskräfte verfügen könne. Der Vorsitzende der Volkssozialisten Petr Zenkl bezeichnete diesen Standpunkt als ein Hindernis für die Zusammenarbeit der Parteien, die seiner Meinung nach "nicht mehr ideal" war[20].

Die führenden Politiker waren davon überzeugt, daß eine ordentliche Wahl manche angesammelten Konflikte beseitigen würde, vor allem diejenigen, die in der Unzufriedenheit über die Verteilung von Machtpositionen wurzelten. Die nichtkommunistischen Parteien, die sich benachteiligt sahen, forderten deshalb eine baldige Ausschreibung von Parlamentswahlen. In der Sitzung vom 16.1.1946 der Nationalen Front, die eine volksdemokratische Parteienkoalition darstellte, stellte der volkssozialistische Minister Jaroslav Stránský sechs Fragen bezüglich der nächsten Wahlen[21]. Die meisten dieser Fragen, einschließlich jener nach dem Wahltermin, wurden dort entschieden. Außerdem schlug Gottwald ein Rezept vor, das seiner Meinung nach einen korrekten Wettbewerb der Parteien garantierte. Es ging um die Einführung leerer Zettel, mit denen die Bürger ihre Opposition gegen die Regierungspolitik ausdrükken konnten[22]. Außer Stránský sprach sich niemand von den Anwesenden gegen den Vorschlag Gottwalds aus; bei den nächsten Verhandlungen am 25. Januar wurde er von den Vertretern der Volkssozialistischen und der slowakischen Demokratischen Partei[23] abgelehnt, und am 21. Februar sprach sich auch die Volkspartei dagegen aus. Die Kommunisten verharrten bei ihrem Vorschlag. Kopecký machte die Einführung der leeren Stimmzettel zum Testfall für die weitere Existenz der Nationalen Front[24]. Die Parteien erzielten keine Einigung. Gottwalds Vorschlag wurde dann im Parlament von einer Mehrheit aus Kommunisten und Sozialdemokraten gegen die Stimmen der anderen Parteien gebilligt[25].

Hinter den Differenzen um die leeren Zettel standen die Machtinteressen der politischen Parteien. Noch vor Kriegsende bildeten die Vertreter von vier tschechischen Parteien (der Volkssozialisten, der Volkspartei, der Sozialdemokraten und der Kommunistischen Partei) und zwei slowakischen Parteien (der Demokratischen und der Kommunistischen Partei) die Nationale Front der Tschechen und Slowaken als politischen Ausdruck ihrer zukünftigen Zusammenarbeit. Diese Parteien beschlossen ein Regierungsprogramm und bildeten die erste Nachkriegsregierung unter Leitung der Sozialdemokraten Zdeněk Fierlinger. Sie verboten die Erneuerung faschistischer und solcher Parteien, deren Politik zu München 1938 und zur Zerschlagung und Okkupation der Tschechoslowakei geführt hatte. Zu den verbotenen Parteien gehörten die vor dem Kriege stärkste tschechische Partei der Agrarier, die Slowakische Volkspartei Hlinkas, weiter die Partei der Gewerbetreibenden, die Nationaldemokratische Partei und einige weitere kleinere Parteien. Darüberhinaus sprachen sich die Parteien der Nationalen Front das Recht zu, über die Zulassung neuer Parteien zu entscheiden. Jede neue Partei hätte Mitglied der Nationalen Front werden und mit deren politischen Programm einverstanden sein müssen.

Das Verbot einiger Vorkriegsparteien weckte das Interesse aller Politiker an den ehemaligen Wählern, Mitgliedern und Funktionären dieser Parteien. Vertreter aller Parteien in der Nationalen Front meinten, daß diese Wähler die Wahl entscheiden würden, und sahen darin eine Quelle für den Wahlerfolg ihrer eigenen Partei. Diese Prognosen stützten sich auch auf den Mißerfolg der ehemaligen Agrarierfunktionären bei dem Versuch, ihre eigene Organisation zu erneuern. Jede tschechische Partei hatte schon Funktionäre, die auf verschiedenen Ebenen arbeiteten, und viele Mitglieder der Agrarier für sich gewonnen. Die volkssozialistische Führung hatte erfolgreich mit einigen führenden Agrarierfunktionären über deren Beitritt zur Volkssozialistischen Partei verhandelt[26]. Die Kommunisten wußten von diesen Verhandlungen[27] und suchten zu verhindern, daß die Position der nichtkommunistischen Parteien im Kampf um die Stimmen der verbotenen Parteien gestärkt würde. Dazu sollte u.a. die Einführung der leeren Zettel dienen. Der Vorschlag von Gottwald stützte sich auf folgende Überlegung: Die Gegner der Regierungspolitik werden nicht die Kommunisten wählen und somit andere Parteien stärken. Der leere Zettel dagegen würde ermöglichen, gegen die Regierung zu stimmen, ohne dadurch andere Parteien zu stärken.

In der Zeit, als die Politiker den Kampf um die ehemaligen Anhänger der verbotenen Parteien führten und die Volkssozialisten annahmen, daß die Kandidatur hoher Agrarierfunktionäre für ihre Partei ihnen den Wahlerfolg bei den Bauern sichern würde, war die politische Differenzierung auf dem flachen Lande bereits mehr oder weniger beendet. Die Parteien hatten in ihren Reihen ungefähr eine halbe Million Bauern. Es hatten die Kommunisten 129.000, die Volkssozialisten 89.500, die Sozialdemokraten 77.600 und die Christliche Volkspartei ungefähr 200.000 Bauern als Mitglieder[28]. Die Erklärung ehemaliger hoher Funktionäre der Agrar-Partei vom 12.Mai 1946 über die Gründe ihres Beitritts zur Volkssozialistischen Partei hat die Hoffnungen dieser Partei, die Stimmen auf dem Lande für sich zu gewinnen, nicht erfüllt.

Die politische Ideologie der Agrarier hörte auf wirksam zu sein. Die Agrarierfunktionäre selbst, die allen vier politischen Parteien beigetreten waren und in ihnen auch Positionen eingenommen hatten, haben damit ihren Einfluß verteilt und geschwächt.

Ganz anders war die Situation der damaligen Anhänger und Funktionäre der Hlinka-Volkspartei in der Slowakei. Als Vertreter des politischen Katholizismus, gestützt auf die Religion und die katholische Kirche, paßten sie ihre Ideologie den neuen Bedingungen an und blieben als effiziente politische Kraft erhalten.

Schon auf der ersten Sitzung der Nationalen Front zur Vorbereitung der Parlamentswahlen am 16. Januar 1946 hat die Nationale Front die Grundregeln des Wahlkampfes angenommen[29]. Einige Teile der Vereinbarung wurden am 25. März veröffentlicht. Außer der Verpflichtung zu einem fairen Wahlkampf waren vor allem drei Punkte wichtig:

(1) Keine Partei wird die Regierungspolitik kritisieren. "Zulässig ist nur", wie Stránský konstatierte, "daß die Parteien erklären, welche Änderungen sie in der Politik anstreben".

(2) Keine Partei wird im Wahlkampf den Namen des Präsidenten der Republik, Edvard Beneš, zu ihren Gunsten mißbrauchen. Die Kritik an der außenpolitischen Orientierung des Staates, d.h. an der Freundschaft mit der Sowjetunion, darf nicht Bestandteil der Wahlkampagne sein.

(3) Alle Parteien haben ihren Willen bekundet, auch nach der Wahl die Politik der Nationalen Front fortzusetzen und auf dieser Grundlage auch die neue Regierung zu bilden[30].

Die Vereinbarung über den Wahlkampf hat den Konflikt zwischen den politischen Parteien nicht entschärft. Den Wahlkampf bestimmten die machtpolitischen Absichten und Pläne, die jede der Parteien mit Wahlergebnissen verband.

Die Repräsentanten aller Parteien waren sich dessen bewußt, daß die Wahlen eine erste Überprüfung ihres tatsächlichen Einflusses bedeuteten und daß es dabei um die Verteilung von Machtpositionen nicht nur im Parlament sondern auch in einer Reihe von weiteren Institutionen, die nach politischen Schlüsseln besetzt wurden, ging. Die Aufteilung der Machtpositionen unter der Linken und der Mitte war ihrer Meinung nach der Schlüssel für die weitere Entwicklung der Republik.

Wahlpläne, Wahlprognosen und Wirklichkeit in den böhmischen Ländern

Die Kommunistische Partei und ihr Vorsitzender Klement Gottwald haben den Wahlkampf in der Überzeugung begonnen, daß ihre bisherige Machtposition als stärkste Partei nicht nur bestätigt, sondern auch erweitert werde. Ein anderes Ergebnis hielt die Führung für wenig wahrscheinlich. Aber auch für diesen Fall versicherte Gottwald den Funktionären, daß die Partei immer noch "ausreichend Mittel,Waffen und Methoden in Händen haben wird, um die einfache mechanische Abstimmung - falls sie die reaktionären und sabotierenden Elemente für sich entscheiden sollten - zu korrigieren"[31]. Die Kommunisten eröffneten ihre Wahlkampagne im Januar 1946 und ordneten ihr alle Aktivitäten der Partei für die folgenden fünf Monate unter. Von Versammlungen, Massendemonstrationen und Pressekampagnen abgesehen suchten sie auf die tschechische Gesellschaft noch mit folgenden zwei Mitteln einzuwirken: Sie legten großes Gewicht auf die persönliche Agitation; täglich traten gut organisiert Tausende von Agitatoren an, um mit Bürgern auf den Straßen zu diskutieren, Familien zu besuchen und die Wähler so für das Programm ihrer Partei zu gewinnen. Unter der Losung "Mehr Arbeit für die Republik - das ist unsere Agitation" propagierten sie außerdem die Verpflichtung der Kommunisten, vor der Wahl zugunsten der Republik 30 Millionen Stunden kostenlos abzuleisten. Im Rahmen dieser Aktion wurden verschiedene Arbeiten in Gemeinden durchgeführt. Politisch am wirksamsten waren jedoch die Arbeitsbrigaden der Kommunisten, die jeden Sonntag aufs flache Land fuhren, um dort den Landwirten Maschinen und Gebäude zu reparieren. Der wirtschaftliche Effekt dieser Aktion war zwar minimal, die politische Propagandawirkung aber sehr groß.

Die Wahlkampagne der Kommunisten hatte drei Schwerpunkte. Sie hoben erstens ihre Aktivität im antinazistischen Kampf hervor, was in der tschechischen Nachkriegsgesellschaft einen starken Eindruck hinterließ. Dann betonten sie ihren entscheidenden Anteil an den Nachkriegsreformen auf den Gebieten der Politik, der Sozialpolitik und der Wirtschaft und insbesondere an der Regierungstätigkeit. In diesem Zusammenhang wurde besonders die Rolle der Kommunisten in der nationalistischen Bewegung, die gegen Deutsche und Ungarn gerichtet war, hervorgehoben. Drit-

tens stellten sie ein Programm von konkreten Maßnahmen und Reformen für die beiden nächsten Jahre auf. Außer der Verfassung und dem Vorschlag eines zweijährigen Wirtschaftsplans enthielt dieses Programm sozio-ökonomische Forderungen, die für die Arbeiter und unteren Schichten der Bauern und Gewerbetreibenden sehr attraktiv waren. Es ging z.B. um eine weitere Etappe der Bodenreform, um eine neue Landwirtschafts- und Gewerbesteuer, um die nationale Versicherung usw. Die Kommunisten erwarteten, daß die Wähler aus diesen Bevölkerungsschichten ihnen den Wahlsieg sichern würden. Sehr viel versprachen sie sich von den Grenzgebieten, wo sie mit den Stimmen der Neusiedler rechneten, die das konfiszierte Eigentum der ausgesiedelten Deutschen erhalten hatten.
Die V o l k s s o z i a l i s t i s c h e P a r t e i trat unter ihrem Vorsitzenden Petr Zenkl in der Wahl als Hauptgegner der Kommunisten auf. Sie formulierte das Ziel, die stärkste Partei zu werden und die Kommunisten aus dieser Position zu verdrängen. Die Mehrheit der volkssozialistischen Funktionäre war davon überzeugt, dieses Ziel zu erreichen. Man rechnete damit, daß die überwiegende Mehrheit der Mittelschicht - vor allem auf dem Lande - für die Partei stimmen werde. Sie führte deshalb ihren Wahlkampf nicht nur gegen die Kommunisten, sondern auch gegen alle anderen Parteien.

Im Wahlprogramm und der politischen Argumentation der Volkssozialistischen Partei überwog die kritische Einstellung zu negativen Erscheinungen der Nachkriegsentwicklung gegenüber positiven, konkreten Vorschlägen für die Zukunft. Bei der Durchführung ihrer Wahlkonzeption waren die Volkssozialisten allerdings eingeschränkt. Sie konnten die Regierungspolitik nicht konsequent kritisieren, weil sie einerseits daran beteiligt waren und andererseits die Nationale Front eine solche Kritik gerade ausgeschlossen hatte. "Wir konnten nicht sagen, was wir wollten", charakterisierte nach der Wahl Prokop Drtina, ein Mitglied der Parteiführung, die Situation[32]. Aus diesem Grunde mußten die Volkssozialisten vor allem auf das hinweisen, was sie in der Regierung hatten verhindern können. Sie konnten den politischen und sozio-ökonomischen Forderungen der Kommunisten aber nicht ihre eigenen, vielfach noch radikaleren gegenüberstellen. Das wäre im Widerspruch zu ihrer politischen Linie gewesen und hätte ihre Positionen in der Mittelschicht bedroht. Sie konnten sich auch nicht auf den antifaschistischen Widerstand ihrer Partei schlechthin berufen, da nur einzelne Mitglieder darin tätig geworden waren. Auch die Autorität des Präsidenten der Republik Edvard Beneš, der vor dem Krieg zu ihrer Partei gehört hatte und mit dem sie auch weiter politisch in Verbindung standen, konnten sie nicht für sich einsetzen.

Die Sozialdemokratische Partei (Vorsitzender Zdeněk Fierlinger) trafen die Wahlen in einer schwierigen Lage. Seit Mai 1945 arbeitete die Partei vor allem im Zentrum sehr eng mit den Kommunisten zusammen; es war die machtpolitische Voraussetzung sozialer Reformen. Zugleich bewirkte die Zusammenarbeit, daß die Wähler keinen Unterschied im Programm und in der praktischen Politik zwischen den beiden Parteien sahen. Diese Tatsache suchten die Volksozialisten gegen die Sozialdemokratie auszunutzen. Die Sozialdemokratie litt weiter darunter, daß viele ihrer Anhänger aus der Vorkriegszeit, Mitglieder und untere Funktionäre, vor allem Arbeiter, der Kommunistischen Partei beitraten oder mit ihr sympathisierten.

Die Führung versuchte zunächst, die Reihen der Anhänger und Mitglieder mit Angehörigen der Mittelschicht zu erweitern. Auch Kommunisten empfahlen diese Orientierung. Die Aussichten auf Erfolg waren nicht sehr groß, weil das Nachkriegsprogramm und die praktische Politik der Sozialdemokraten für die Mehrheit der Mittelschicht zu revolutionär waren.

Den Wahlkampf trat die Partei mit zwei Waffen an: Mit der Verteidigung der Politik der Regierung, die von Fierlinger geführt wurde,und mit dem Programm des demokratischen Sozialismus, das ihrer Meinung nach den nationalen Interessen entsprach. Die Parteiführer erwarteten, daß die Wähler ihre Regierungstätigkeit honorieren würden, vor allem die Verdienste des Premiers und der Minister Bohumil Laušman und Václav Majer, die jene Ministerien (Industrie und Ernährung) leiteten, welche die Nationalisierung der Industrie durchgeführt hatten[33]. Außerdem glaubten die Sozialdemokraten, daß auch ihre Rolle als ausgleichender Faktor in der Nationalen Front und als Vertreter eines anständig geführten politischen Kampfes honoriert wird.

Die Tschechoslowakische Volkspartei (Vorsitzender Jan Šrámek) betonte im Wahlkampf, daß sie die einzige nichtsozialistische Partei sei. Ihrem Programm nach bekannte sie sich zu einem christlichen Sozialreformismus, und in der konkreten Politik trat sie als Beschützer der Demokratie, des Privateigentums und des regulierten Unternehmertums auf. Ihre Führer wehrten sich dagegen, zu weit nach rechts gedrängt zu werden, und leisteten hier auch dem Druck der eigenen Funktionäre Widerstand. Sie wollten die Partei der Mittelschicht bleiben und sahen ihr traditionelles Hauptreservoir in der katholischen Bevölkerung.

Alle tschechischen Parteiführungen versuchten, die Wahlergebnisse vorauszusagen. Die Volkssozialisten rechneten mit 1,5 bis 1,8 Millionen Stimmen[34] und glaubten, daß sie als stärkste Partei zusammen mit der Volkspartei und der Demokratischen Partei der Slowakei in Parlament und Regierung die Mehrheit erreichen würden. Die Sozialdemokraten erwarteten den Sieg der Kommunisten und rechneten damit, daß sie an zweiter Stelle mit mindestens einer Million Stimmen und 50 Abgeordneten stehen würden[35].

Eine besonders genaue Voraussage der Wahlergebnisse versuchten die Kommunisten. Ihre Parteiorganisationen in den Dörfern und Städten sollten für jeden Wähler anhand der Wahlverzeichnisse die Partei bestimmen, die er wahrscheinlich wählen würde. Auf Grund dieser Analyse kamen sie zu folgenden Schätzungen: Die Kommunisten werden in den böhmischen Ländern 41 % der Stimmen erhalten, die Sozialdemokraten 15-16 %, die Volkssozialisten 22,5 % und die Volkspartei 21 %[36]. Die Übereinstimmung dieser Prognose mit den tatsächlichen Wahlergebnissen zeugt deutlich von der Überlegenheit der praktisch-politischen und organisatorischen Arbeit der Kommunisten im Vergleich zu allen anderen Parteien.

Die Wahlergebnisse von 1946 in den böhmischen Ländern[37]

Partei	Mitglieder in Tsd.	Mitglieder in %	Stimmen in Tsd.	Stimmen in %	Mandate abs.	Mandate in %
Kommunisten	1007	43,16	2206	40,17	93	40,26
Sozialdemokraten	352	15,09	856	15,58	37	16,02
Volkspartei[x]	400	17,15	1111	20,24	46	19,21
Volkssozialisten	574	24,60	1299	23,66	55	23,81
Leere Zettel	-	-	19	0,35	-	-
Insgesamt	2333	100,00	5491	100,00	231	100,00

x) andere Quellen führen mehr Mitglieder an.

Auffällig ist die weitgehende Übereinstimmung zwischen der Verteilung der Wählerstimmen auf die Parteien einerseits und ihrer Mitgliederstärke andererseits. Ungewöhnlich hoch ist auch der Grad der organisierten Wähler, im Durchschnitt ca. 43 %. Das beweist, daß die Parteien als Massenparteien aufgebaut wurden, die Bevölkerung politisch sehr aktiv war und daß hohe Mitgliederzahlen eine sichere Grundlage für einen Wahlerfolg darstellten.

Die Folgen der Wahlen

Die Wahlergebnisse waren ein Maßstab für den Einfluß der politischen Parteien auf die Bevölkerung wie auch für die künftige Aufteilung der Machtpositionen. Sie legalisierten die Spitzenstellung der Kommunisten und überraschten vor allem durch den hohen Abstand von fast einer Millionen Stimmen zwischen den Kommunisten und den Volkssozialisten als zweitstärkster Partei. Der Wettbewerb dieser beiden Parteien war auch das zentrale Thema des Wahlkampfes und hat die Ergebnisse der beiden anderen Parteien negativ beeinflußt.

Die Verteilung der Machtpositionen auf der Grundlage der Wahlergebnisse betraf nicht nur das Parlament. In der neuen Regierung stellten die Kommunisten den Vorsitzenden (Gottwald) und weitere sechs Mitglieder, die Volkssozialisten, die Volkspartei und die Demokratische Partei je vier Minister, die Sozialdemokraten drei und die Slowakischen Kommunisten zwei Regierungsmitglieder. Bereits am 17. April 1946 beschloß die Regierung die Umbildung der weiteren Vollzugsorgane, der Nationalausschüsse, nach dem Ergebnis der Parlamentswahlen[38]. Die Kommunisten stellten die Vorsitzenden für die Landesnationalausschüsse in Böhmen und in Mähren. In 138 von insgesamt 154 Bezirken in den böhmischen Ländern waren die Kommunisten am stärksten, in den restlichen hatte die Volkspartei die meisten Stimmen erzielt. Von den 162 Vorsitzenden der Bezirksnationalausschüsse stellten die Kommunisten 127, die Volkspartei 18, die Volkssozialisten acht und die Sozialdemokraten sieben. Von den 4417 Mitgliedern der Bezirksnationalausschüsse waren 1927 Kommunisten. In den Gemeindenationalausschüssen waren die Kommunisten mit 68 269, die Sozialdemokraten mit 19 692, die Volkssozialisten mit 26 875 und die Volkspartei mit 33 997 Mitgliedern vertreten. Dabei haben die Kommunisten in 5 867 von insgesamt 10 671 Gemeinden den Vorsitzenden des Nationalausschusses gestellt[39].

Die Wahlen bestätigten zugleich die parteipolitische Struktur, wie sie nach dem Kriege entstanden war; es wurde keine weitere Vorkriegspartei zu neuem Leben erweckt. Überlegungen, die Agrarpartei zu erneuern, erwiesen sich als unrealistisch, weil die entsprechende politische Ideologie tot war. Das flache Land wählte alle politischen Parteien. Die Hoffnungen, die die Volkssozialistische Führung auf das Dorf gesetzt hatte, mit Hilfe ehemaliger Agrarierfunktionäre Stimmen zu gewinnen, wurden enttäuscht. Drtina konstatierte auf der Sitzung der Parteiführung nach der Wahl: "Wir haben gesagt, daß diese Wahlen das Dorf entscheiden wird. Und mit Recht. Da lag die Unbekannte vor allem auf dem Dorf und dem flachen Lande. Und das Dorf hat sich für die Kommunisten entschieden" [40].

Die Furcht der Kommunisten vor einer zu großen Anzahl leerer Stimmzettel bzw. vor einer zu niedrigen Wahlbeteiligung erwies sich als unbegründet. Die Regierung stimmte auf ihrer Sitzung nach der Wahl am 27. Mai dem Urteil von Innenminister Václav Nosek zu, der die Enthaltung von nur 6,39 % der Wähler als einen großen Erfolg betrachtete[41], zu dem auch der amerikanische und britische Botschafter gratuliert hatten[42].

Die Wahlen wirkten auf die politische Entwicklung der Nachkriegstschechoslowakei nicht nur in der Machtverteilung, sondern auch in anderen Bereichen nachhaltig ein. Sie beeinflußten die Beziehungen zwischen und innerhalb der politischen Parteien und bestimmten deren weiteres taktisches Vorgehen. Die häufigen scharfen Konflikte während der Wahlkampagne stärkten das Mißtrauen aller Mitglieder der Nationalen Front untereinander. Der Nachhall der Wahl verhinderte noch lange ein gemeinsames Vorgehen der nichtkommunistischen Parteien. Diese lernten einiges von den Wahlvorbereitungen der Kommunisten; für die nächste Wahl hoben sie eine Reihe von Aufgaben hervor, wie die Festigung der Organisation, den Ausbau des Parteiapparates, den entschiedenen Kampf um die Positionen in der Staatsverwaltung, der nationalisierten Wirtschaft und den gesellschaftlichen Organisationen.

Am bedeutendsten waren allerdings die Korrekturen an der politischen Linie und Taktik innerhalb einer jeden Partei.

Die politischen Parteien, die, wie Gottwald in der Regierungssitzung am 27. Mai sagte, "auf die Wahlergebnisse mit Weinen und Zähneknirschen reagierten", haben die Wahlen analysiert und bewertet. Nur die Kommunisten waren mit dem Ausgang in den böhmischen Ländern zufrieden. Ihre Führung befaßte sich zweimal mit den Wahlen: das Präsidium am 28. Mai und zwei Tage später das Zentralkomitee. Die von Gottwald vorgetragene Bewertung wurde gebilligt. Er bezeichnete alle Wahlergebnisse seiner Partei als Erfolg, weil in den böhmischen Ländern die Erwartungen erfüllt wurden und im Gesamtstaat ein leichtes Übergewicht der Linken, der Kommunisten und der Sozialdemokraten, in den Vollzugsorganen gesichert war. Große Bedeutung hatte für Gottwald die Tatsache, daß die Kommunisten nicht nur unter den Arbeitern, sondern auch auf dem Lande stärkste Partei wurden. Als nächste Aufgabe bezeichnete er es, die gewonnenen Positionen zu sichern, vor allem aber den Einfluß der Partei auf dem Lande und in der städtischen Mittelschicht zu vergrößern.

Die Erfolgsanalyse beendete Gottwald mit der Verkündung des machtpolitischen Zieles seiner Partei für die nächste Parlamentswahl: Erlangung der absoluten Mehrheit, um die "Wäsche in einem Zug reinzuwaschen"[43].

Im Januar 1947 erklärte das Zentralkomitee der KPTsch dieses Ziel zur konkreten Aufgabe unter der Losung, die Mehrheit des Volkes für die Politik der Kommunisten zu gewinnen. Václav Kopecký, Mitglied der kommunistischen Führung und Minister, hat diese Absicht ausführlicher erklärt: "Bei einer absoluten Mehrheit der Kommunisten werden wir uns den aussuchen, der uns besser paßt und der uns auch besser zujubeln wird"[44].

Die neue Konzeption stellte eine wichtige Neuerung auf dem Weg zum kommunistischen Machtmonopol dar. Bis zur Wahl nahmen die Kommunisten an, daß sie ihr Ziel zusammen mit der Sozialdemokratie erreichen und den Erfolg nach der Wahl durch einen Zusammenschluß beider Parteien festigen würden. Der große Wahlerfolg führte zu der Vorstellung, daß es für die Kommunistische Partei real möglich sei, in zwei Jahren die absolute Mehrheit auch ohne die Sozialdemokraten zu gewinnen. Diese taktisch-politische Änderung war aus der Sicht der Machtverhältnisse im Lande die wichtigste Reaktion auf die Wahlen und bestimmte in immer stärkerem Maße das wechselseitige Verhältnis zwischen den Kommunisten und ihren Partnern in der Nationalen Front.

Als das Zentralkomitee der Volkssozialistischen Partei am 6. Juni 1946 über die Wahlen diskutierte, waren die Meinungen der unteren Parteistellen den führenden Funktionären schon bekannt. In der Spitze war man enttäuscht, weil die Mehrheit fest davon überzeugt gewesen war, daß man als stärkste Partei aus den Wahlen hervorgehen würde. Zenkl sprach das am Anfang der Sitzungen an: "Wenn ich das Wahlergebnis nach den Blicken und Reden der Menschen mir gegenüber beurteilen würde, müßte ich sehr traurig sein. Davon lasse ich mich aber nicht beeinflussen". Diese niedergeschlagene Stimmung kennzeichnete die ganze Verhandlung des Zentralkomitees; Minister Stránský versuchte sie zu zerstreuen: "Wenn das Selbstbewußtsein unserer Partei durch diese Wahl gesunken und nicht gestiegen wäre, dann sollten wir am besten aufstehen und nach Hause gehen, weil wir einfach nichts erreichen können. Keiner Ratte erlauben wir, unser Selbstbewußtsein zu zerstören, denn immerhin stehen hinter uns 1.300.000 Menschen, für die wir sprechen, und es ist nicht so, wie uns einige aufgeschreckte Stimmen einzureden versuchen, daß wir für niemanden sprechen"[45].

Minister Drtina kannte die Ursachen für den Mißerfolg der eigenen Partei und für die Erfolge der Kommunisten. Vor allem hob er die objektiven Bedingungen hervor; der politischen Linie der Partei und ihrer Aktivität maß er eine zweitrangige Bedeutung bei. So sah er den kommunistischen Erfolg in dem allgemeinen Marsch Europas nach links begründet, sowie in der entsprechenden Tendenz der großen Mehrheit der Bürger zu radikalen Reformen und Forderungen. Solche seien von den Kommunisten proklamiert worden, für die volkssozialistische Politik freilich unannehmbar gewesen. Als weiteren Grund gab er an, daß man im Kampf gegen die Kommunisten und ihre Regierungspolitik nicht konsequent vorgehen konnte, "weil es uns bekannt ist, daß wir uns aus außerordentlich ernsten Gründen zu diesem Zeitpunkt keinen offenen Konflikt mit der Kommunistischen Partei leisten können". Zuungunsten der Partei habe sich auch ihre Vergangenheit ausgewirkt: "Unsere Partei", so Drtina, "hat sich vor dem Ausbruch des Zweiten Weltkrieges faktisch aufgelöst. Die Kommunistische Partei hat sich niemals aufgelöst. Unsere Presse wurde vergewaltigt, blieb jedoch bestehen [in der Protektoratszeit - die Verf.]. Das war unser Nachteil, daß unsere Presse blieb und schrieb". Schließlich führte Drtina unter den Ursachen für den

Mißerfolg der Partei auch das unerwartete Wahlverhalten auf dem Lande an[46].

Noch Wochen nach der Wahl schickten Parteifunktionäre und -organisationen der Zentrale ihre Meinungen über die Ursachen für den Mißerfolg vom 26. Mai zu. Sie wiesen auf das zu allgemeine und unwirksame Wahlprogramm der Partei hin, auf den schwachen Parteiapparat, auf das niedrige Niveau der Parteipresse, auf die Mängel in der Organisation der Parteiarbeit usw.[47]. Niemand sprach allerdings die Grundfragen an, ob die Wahlziele und die Wahltaktik der Partei richtig gewesen waren. Die Parteiführung der Volkssozialisten hatte im Grunde ein unrealistisches Ziel aufgestellt, nämlich stärkste Partei zu werden und die Kommunisten aus dieser Position zu verdrängen. Dafür besaß sie zu der Zeit keine Voraussetzungen, wie die Wahlen bestätigten. Die Parteiführer erkannten nicht einmal nach dem Mai 1946, daß die Kommunisten von einer einzelnen Partei nicht zu schlagen waren. Dies hätte nur durch Zusammenschluß und gemeinsame Aktion aller nichtkommunistischer Parteien geschehen können. Noch ein Jahr nach der Wahl fuhren sie in den alten Gleisen und bremsten die Zusammenarbeit der nichtkommunistischen Kräfte, vor allem versuchten sie, die Sozialdemokratie daran zu hindern.

Was die nächsten Augaben der Partei betraf, so hob Stránský vor allem zweierlei hervor: einmal sei es notwendig, die Machtposition der Partei bei der Besetzung von Regierungsstellen im Staats- und Wirtschaftsapparat geltend zu machen und die Kommunisten in der Nationalen Front als Erste unter Gleichen zu halten. Die zweite Aufgabe ergab sich aus der Perspektive eines langfristigen machtpolitischen Plans. Stránský sah in der Beteiligung der Kommunisten an der Nationalen Front die Voraussetzung für eine demokratische Entwicklung der Republik und zugleich die einzige Möglichkeit, ihre führende Stellung in einer Parlamentswahl zu brechen. Nur hier, im Rahmen einer Parlamentswahl, seien die Kommunisten zu schlagen. Stránský hatte keine Zweifel über die künftigen Erfolge der Partei, weil "die Kommunisten den Zenit ihres Einflusses erreicht haben" und die internationalen und innenpolitischen Bedingungen zum schnellen Sinken ihres Sternes führen würden[48].

Die Wahlergebnisse trugen das ihre zur Krise innerhalb der Volkspartei bei. Die Mehrheit der Führung hatte keinen größeren Erfolg erwartet und war deshalb auch nicht unzufrieden.

Der erfahrene Politiker Jan Šrámek ging davon aus, daß die Revolutionszeit nach dem Kriege für seine Partei ungünstig war und daß ihre Stunde erst nach dem Verebben der radikalen Welle kommen werde. Manche Funktionäre betrachteten jedoch das Wahlergebnis als einen Mißerfolg für die Partei und ihre Politik. Es waren dieselben, die schon vor der Wahl ein entschiedeneres Vorgehen gegen die Kommunisten und eine kritischen Einstellung zur Tätigkeit der Regierung gefordert hatten. Diese Unzufriedenen wurden von der Abgeordneten Helena Koželuhová, der Frau des Ministers Adolf Procházka, angeführt. In der Fraktionssitzung machte Helena Koželuhová die Parteiführung für den Mißerfolg bei den Wahlen verantwortlich. Für ihren Standpunkt gewann sie viele Anhänger, und darüber hinaus bereitete sie insgeheim die Einberufung eines außerordentlichen Parteitages mit dem Ziel vor, die Führungsspitze einschließlich des Parteivorsitzenden Šrámek auszutauschen und die Partei weiter nach rechts zu drängen. Als die Führung von diesen Absichten und von der geheimen Vorbereitung eines Parteitages erfuhr, schloß sie Koželuhová aus der Partei aus. Bald darauf erhielt die Parteispitze Hunderte von Briefen und Resolutionen von Organisationen und einzelnen Funktionären, in denen Koželuhová verteidigt und die Aufhebung ihres Ausschlusses gefordert wurde. Auch der Ruf nach einem außerordentlichen Parteitag verstummte nicht. Bis Ende Juli sprach sich die Mehrheit der Kreisorganisationen dafür aus. Allerdings motivierten nur einige von ihnen diese Forderung mit dem Fall Koželuhová. Die Parteiführung warnte vor der Gefahr eines Auseinanderfallens der Partei, die durch einen außerordentlichen Parteitag heraufbeschworen werde. Die Angst der Funktionäre, die Einheit der Partei zu gefährden, war auch der Hauptgrund dafür, daß die Mehrheit der Bezirke von der Forderung nach einem außerordentlichen Parteitag abließ. Erst als sich am 7. September 1946 die Situation beruhigt hatte, traf die Parteispitze eine endgültige Entscheidung über diesen "Aufstand" und lehnte Kozeluhovás Einspruch gegen ihren Parteiausschluß ab[49]. Der Versuch, die politische Linie der Partei und die Führungsgarnitur zu ändern, war gescheitert. Dennoch hatten die Analyse der Wahlergebnisse und die Kritik der Funktionäre an der Basis zur Folge, daß sich die Volkspartei auf die Verbreitung und Festigung der Parteiorganisation ausrichtete und zu einer aktiveren Politik überging: "Zum Angriff übergehen", hieß die Losung Šrámeks[50]

Die größten Erschütterungen riefen die Wahlergebnisse in der Sozialdemokratie hervor. Einen Teil der Mitglieder und Funktionäre befielen nach der Wahl Niedergeschlagenheit und Kleinmut. Bei der Mehrheit dagegen rief die Situation Diskussionen hervor und regte zu einer Reaktion an, die sich in kritischer Einstellung zu den anderen Parteien und zur eigenen Parteiführung äußerte. Die Führung bekam Nachrichten und Resolutionen der unteren Stellen und Funktionäre, in denen verschiedene Gründe für den Mißerfolg genannt wurden. Die Hauptursache sah man vor allem in der engen Zusammenarbeit mit den Kommunisten, die bis zur Unterordnung der Sozialdemokraten ging. Daraus kam auch die Kritik an den Repräsentanten dieser Linie in der Parteiführung, Fierlinger, Laušman und Evžen Erban. Immer häufiger wurde der Ruf nach Änderung der politischen Praxis, nach einem außerordentlichen Parteitag und nach Personaländerungen laut. In diesem Zusammenhang wurde sehr oft Fierlingers Name genannt[51].

Als die Parteiführung (am 29. Mai) und das ZK (am 30. Mai) über die Wahlen diskutierten, kam die Lawine der Kritik erst ins Rollen. Die Diskussionen beider Organe konzentrierten sich vor allem auf die Frage nach der Richtigkeit der bisherigen politischen Linie und Praxis der Partei, vor allem nach der Richtigkeit ihrer Zusammenarbeit mit den Kommunisten. Alle Teilnehmer waren sich darüber einig, daß die Linie der Partei, die auf dem Parteitag im Oktober 1945 angenommen worden war, richtig sei. Unterschiede zeigten sich jedoch bei der Beurteilung der politischen Praxis. Ein Teil der Funktionäre - Fierlinger, Laušman, E. Erban, John - verteidigten die Zusammenarbeit mit den Kommunisten als Garantie für eine ruhige Entwicklung der Republik und die Vormachtstellung der Linken. Sie betrachteten dabei das Wahlergebnis nicht als Mißerfolg. Gegen diese Gruppe opponierten die Gegner der bedingungslosen Zusammenarbeit mit den Kommunisten. Sie sahen die Ursachen für den schlechten Wahlausgang in dem unkritischen Verhältnis zu kommunistischen Praktiken. Für sie war das Wahlergebnis eine Niederlage der Regierungsmitglieder, vereinzelt sahen sie darin auch eine Niederlage der Partei. Der bedeutendste Repräsentant dieser Richtung war Minister Majer[52].

Das Zentralkomitee gab eine Erklärung zum Wahlergebnis heraus, in der es die bisherige Politik der Führung verteidigte und das erreichte Ergebnis vor allem durch Bedingungen objektiver Art begründete. Die Erklärung sprach sogar von einem Wahlerfolg der

Partei, den die Führung in der Erhaltung der Vormachtstellung der Linken im Staat und in der Grundsteinlegung für den Ausbau einer großen Partei erblickte.

Viele Mitglieder und Funktionäre der Partei stimmten mit der Bewertung des Zentralkomitees nicht überein. Der Kreisausschuß in Pilsen nahm eine Resolution mit völlig anderen Schlußfolgerungen an: er kritisierte offen die Fehler in der Politik der Führungsspitze und forderte eine selbständige sozialdemokratische Politik, d.h. eine Lösung der Sozialdemokraten aus der Abhängigkeit von den Kommunisten; weiter wollte man die zentrale Führung der Partei erweitern und einen außerordentlichen Parteitag einberufen[53]. Die Pilsener Funktionäre verschickten ihre Resolution ohne Wissen der Zentrale an alle Kreisorganisationen.Die Resolution fand bei den wichtigsten Organisationen einen positiven Widerhall, der den Ruf nach personellen Veränderungen in der Führung, vor allem nach dem Rücktritt Fierlingers, und nach einem außerordentlichen Parteitag verstärkte. Dieser Zustand hätte zum Auseinanderfallen der Partei führen können. Die Führung konnte dies nur mit großer Anstrengung verhindern. In außerordentlichen Sitzungen der Kreis- und Bezirksausschüsse begründeten die führenden Funktionäre die Richtigkeit der Erklärung des Zentralkomitees zu den Wahlergebnissen. Erst jetzt beruhigte sich die Situation in der Partei, und die Zentrale erhielt Resolutionen von den unteren Stellen der Partei, die mit dem Inhalt der Erklärung vom 30. Mai einverstanden waren[54].

Der schlechte Wahlausgang und die Welle der Kritik haben auch in der sozialdemokratischen Politik Kurskorrekturen hervorgerufen, entsprechend der Forderung, die von Führung und Mitgliedern ausgesprochen wurde, die Partei solle sich politisch sowohl von rechts als auch von links, d.h. von den Volkssozialisten wie den Kommunisten abgrenzen. Das Verhältnis zu den ersteren blieb weiterhin das Verhältnis zu einer Partei eines anderen (rechten) Blocks, mit der die Sozialdemokraten nur die Mitgliedschaft in der Nationalen Front verband. Das Verhältnis zu den Kommunisten spielte die Schlüsselrolle. In den führenden Kreisen der Sozialdemokratie war niemand gegen eine Zusammenarbeit mit den Kommunisten, doch außer Fierlinger, Erban und John versuchten alle, diese als Zusammenarbeit zweier gleichwertiger und folglich auch voneinander unabhängiger Partner durchzusetzen. Das bedeutete konkret: man mußte sich von den Kommunisten politisch deutlich unterscheiden.

Übergriffe in ihrer Politik kritisieren und vor allem die selbständige ideologische und politische Linie und das eigenständige taktische Vorgehen der Partei sicherstellen. Die Vertreter dieser Grundsätze unterschieden sich darin, wie sie die Möglichkeiten und Grenzen ihrer Anwendung beurteilten. Einige (Majer, Görner) suchten eine unabhängige Politik der Partei auch um den Preis der Zerschlagung der Einheit der Linken durchzusetzen, andere verliehen beiden Zielen den gleichen Rang[55]. Die neue taktische Variante, die von der überwiegenden Mehrheit der Mitglieder und Funktionäre angenommen wurde, hatte zur Folge, daß die Stellung der Vertreter einer bedingungslosen Zusammenarbeit mit den Kommunisten (Fierlinger und andere) geschwächt wurde.

Vierzehn Tage nach der Wahl begann Gottwald die Gespräche mit den Vertretern der anderen Parteien über die Zusammensetzung der neuen Regierung; ab 12. Juni wurden die Verhandlungen in die Sitzungen der Nationalen Front verlegt. Nach langwierigen und harten Diskussionen kam es zu einer Einigung: am 2. Juli legte Gottwald eine Ministerliste mit Repräsentanten von sechs Parteien dem Präsidenten der Republik vor[56]. Fünf Tage später stellte er die Regierung dem Parlament vor und gab eine Regierungserklärung ab, deren wichtigste Punkte die Ausarbeitung einer neuen Verfassung und eines Zweijahresplanes für die Wirtschaft waren[57]. Das Regierungsprogramm wurde einstimmig gebilligt.

Die Wahlvorbereitungen und die Folgen der Wahlen in der Slowakei

Die Vorbereitungen der Wahlen in der Slowakei und ihre Ergebnisse waren für die weitere politische Entwicklung der Slowakei und der gesamten Tschechoslowakei außerordentlich wichtig. Die slowakische Wahl hat die Verteilung der Kräfte und der Macht in der ganzen Tschechoslowakei entsprechend dem Anteil der slowakischen Wähler (1 612 216 abgegebene gültige Stimmen) an der Wählerschaft der gesamten Tschechoslowakei (7 102 893 abgegebene gültige Stimmen) mitbestimmt[58]. Von noch größerer Bedeutung ist, daß diese Wahl eine spezifische politische Entwicklung der Slowakei einleitete.

Die parteipolitische Struktur der Nachkriegstschechoslowakei entstand während des Widerstandes auf heimischem Boden. Im slowakischen Aufstand traten zwei Parteien auf: die Kommunisten und die künftige Demokratische Partei[59]. Ihre Führer rechneten nicht mit der Entstehung einer weiteren politischen Partei. Es stellte sich allerdings bald heraus, daß keine der beiden Parteien für die große Masse der Anhänger des politischen Katholizismus genügend attraktiv war. Ein Teil von ihnen trat zwar einer der bestehenden Parteien bei und nahm dort auch bestimmte Positionen ein, aber die Mehrheit der Funktionäre, Mitglieder und Wähler der ehemaligen Hlinka-Volkspartei bildete eine dritte Kraft im politischen Leben, die freilich keine Möglichkeit hatte, sich politisch selbständig zu artikulieren. In dieser Situation entstand daher der Gedanke, sich auch organisatorisch als selbständige Kraft zu formieren. Eine führende Rolle spielte dabei die jüngere Generation des slowakischen politischen Katholizismus, die sich zur Zeit des slowakischen Staates (1939-1945) relativ wenig engagiert hatte.

Versuche, die parteipolitische Struktur der Slowakei zu verändern,wurden auch von anderen Seiten unternommen. Erfolglos endete der Versuch der Volkssozialisten, eine Schwesterpartei in der Slowakei zu etablieren[60]. Etwas erfolgreicher war das Bestreben der Sozialdemokraten, ihre Partei in der Slowakei, wo sie im September 1944 mit der Kommunistischen Partei gleichgeschaltet wurde, zu erneuern.

Die tschechischen und noch mehr die slowakischen Kommunisten haben sich gegen diese sozialdemokratischen Bestrebungen gewandt und sie als einen Versuch, die politische Einheit der Arbeiterbewegung zu zerschlagen, abqualifiziert. Ihrer Meinung nach konnte dieser Versuch nur der Demokratischen Partei nützen, weil dadurch die kommunistischen Positionen geschwächt worden wären. Die Sozialdemokraten dagegen argumentierten, die Kommunisten seien daran schuld, daß die Möglichkeiten der Linken in der Slowakei eingeengt seien; sie traten dafür ein, gemeinsam die Demokratische Partei zu schwächen[61]. Nach langen Verhandlungen zwischen der Führung der Sozialdemokraten und den tschechischen und slowakischen Kommunisten konnte die Sozialdemokratie am 20. Januar 1946 unter dem Namen Partei der Arbeit auf der politischen Bühne der Slowakei auftreten.

Die kommunistische Führung erkannte bereits gegen Ende 1945, daß sich ihre frühere Beurteilung, die parteipolitische Struktur in der Slowakei sei für ihre Ziele und ihren Einfluß ungünstig, als richtig erwies. Immer mehr Parteiführer kamen zur

Überzeugung, daß die Wahlen in der Slowakei für die Kommunisten schlecht ausgehen würden. Der Grund dafür sahen sie in der Existenz einer einzelnen nichtkommunistischen Partei, die alle Stimmen derjenigen Bürger auf sich vereinigen konnte, die nicht kommunistisch wählen wollten. Vor allem die Führung der tschechischen Kommunisten - selbst Gottwald - stellte Überlegungen an, wie diese für sie ungünstige Lage geändert werden könnte.

Es wurden etliche Möglichkeiten erwogen: Im Dezember 1945 plante Gottwald, alle tschechischen Parteien auch in der Slowakei zuzulassen. Schließlich verwarf er diese Idee wieder, weil dies den Eintritt der Demokratischen Partei in die tschechische politische Szene hätte zur Folge haben können. Gottwald befürchtete, daß diese Partei, die selbst ein Ausgreifen auf die böhmischen Länder plante, die Mehrheit der Wähler der ehemaligen Partei der Agrarier gewinnen könnte[62], da in der Führung der Demokratischen Partei Funktionäre der ehemaligen Agrarpartei das Übergewicht hatten. Die KP-Führung versuchte darüber hinaus, die Demokratische Partei durch eine innere Spaltung zu schwächen. Hauptziel einer solchen Spaltung war es, die Demokratische Partei daran zu hindern, die Anhänger des politischen Katholizismus zu gewinnen.

Anfang 1946 trat die dritte Kraft, der politische Katholizismus, wieder in das innenpolitische Leben der Slowakei ein. Die Führer der Kommunisten, vor allem in Prag, rechneten damit, daß sich von der Demokratischen Partei ein Teil ihrer Funktionäre, die Anhänger des politischen Katholizismus, abspalten und eine neue Partei gründen würde. Hier ging es vor allem um jene Funktionäre, die behaupteten, der politische Katholizismus habe keine Machtposition inne, die seinem Einfluß in der Gesellschaft entspräche, sowie um jene, die nicht glaubten, man könne im Rahmen der Demokratischen Partei auch die Interessen der Katholiken vertreten, und zwar vor allem deshalb, weil die Mehrheit in der Führungsspitze evangelisch war. Unzufrieden waren auch diejenigen Funktionäre, die keine höheren Stellen in der Partei und in den Machtorganen erreichen konnten. Diese Gruppe innerhalb der Demokratischen Partei bereitete die Gründung einer neuen Partei vor und bat Anfang März 1946 gemäß Bestimmungen der Nationalen Front um die Genehmigung für die Gründung einer Christlich-Republikanischen Partei.

Die Führung der tschechischen Kommunisten und auch die Mehrheit der slowakischen KP-Spitze unterstützten die Gründung einer Partei des politischen Katholizismus, einige ihrer Funktionäre waren sogar an den Vorbereitungen beteiligt. Der Vorsitzende der KPS Široký führte mit Vertretern des politischen Katholizismus Verhandlungen über die Gründung der Partei, und einige Kommunisten nahmen an der Ausarbeitung ihres Programms teil. Damals nahm man an, die neue Partei werde mit den Kommunisten zusammenarbeiten. Damit waren einige führende slowakische Kommunisten, so Husák und Smidke, nicht einverstanden. Sie wünschten eine Einigung mit der Demokratischen Partei über ein gemeinsames Vorgehen gegen die Aktivierung des politischen Katholizismus und sahen in der Gründung einer selbständigen katholischen Partei eine Gefahr für die politische Entwicklung der Slowakei[63].

In der Demokratischen Partei war die Mehrheit gegen eine Neugründung[64], sowohl aus taktisch-politischen Gründen als auch aus prinzipiellem Widerstand gegen die Aktivierung und Organisierung des politischen Katholizismus. Als die Führer der Demokratischen Partei von der Rolle der Kommunisten bei der Gründung der neuen Partei erfuhren, gingen sie zum Gegenangriff über. Sie schlugen den Vertretern des politischen Katholizismus ein Übereinkommen über die Verteilung der Positionen in der Demokratischen Partei und in den staatlichen Organen vor. Auf Empfehlung der slowakischen Bischöfe stimmten die Katholiken dem Vorschlag zu und gaben die Idee einer eigenen Parteigründung auf. Mit der Demokratischen Partei wurde dann das sogenannte Aprilabkommen über die Verteilung der Funktionen geschlossen. Auf diese Weise haben Taktik und politisches Spiel der Kommunisten dazu geführt, daß sich der politische Katholizismus auf der Grundlage der Demokratischen Partei artikulieren konnte[65]. Gewissermaßen als Abfallprodukt aus diesen Spekulationen und Manövern entstand die Partei der Freiheit, die als vierte und völlig bedeutungslose Partei in das politische Leben eintrat[66].

Die Wahlergebnisse in der Slowakei konnten nur die Demokratische Partei befriedigen. Die Sozialdemokraten hatten angenommen, die Partei der Arbeit werde aus den Wahlen als stärkste Partei hervorgehen[67]; mit ca. 50.000 Stimmen (3,1 %) wurde sie jedoch die schwächste Partei. Die Ursache für das Desaster der "Linken" sahen die Sozialdemokraten im Widerstand der Kommunisten gegen die Erneuerung ihrer Partei in der Slowakei[68]. Führende Funktionäre der Volkssozialisten und der Volkspartei hatten ihrerseits mit einem Erfolg der Partei der Freiheit, die nur ca. 60.000 Stimmen, (3,7 %) erhielt, gerechnet.

Eine tiefe Enttäuschung erlebten die slowakischen Kommunisten. Mehr noch als von ihrem eigenen Ergebnis - sie erreichten mit 490.000 Stimmen ca. 30,4 % - wurden sie vom absoluten Übergewicht der Demokratischen Partei überrascht, die fast 1.000.000 Stimmen, das sind 62 %, bekam[69]. Immerhin hatten manche von ihnen erwartet, daß sie trotz taktischer Fehlgriffe vor den Wahlen etwa gleichen Stimmanteil wie die Demokraten erzielen könnten. Die Enttäuschung in den Reihen der KPS war in der mittleren Führungsschicht noch stärker als in der Zentrale. Auf der Sitzung des ZK-Plenums wurde ein scharfer "partisanenartiger" Angriff auf die Demokratische Partei gefordert. Široký bremste die unzufriedenen Funktionäre der Partei jedoch mit dem Hinweis, daß für solche Lösungen die Zeit erst dann reif sei, wenn die Kommunisten auch in den böhmischen Ländern erfolglos blieben[70]. Mit den Wahlergebnissen befaßte sich die slowakische KP-Führung am 29.Mai und am 14. Juli, das Zentralkomitee am 31. Juli 1946. Die Hauptursache für den Mißerfolg wurde in der unzureichenden Anwendung der Prinzipien des volksdemokratischen Regimes in der Slowakei gesehen. Weiter wurde kritisiert, daß in der Wahlpropaganda die kommunistische Position, wonach die slowakischen nationalen Interessen nicht von der Prager Regierung sondern von der slowakischen Reaktion bedroht seien, zu wenig herausgestellt worden sei. Als dritte Ursache des Mißerfolgs wurden eigene politische und taktische Fehler und solche in der Politik der Nationalen Front genannt[71].

Die Führung der tschechischen Kommunisten diskutierte die Wahlergebnisse am 28. Mai 1946, das Zentralkomitee zwei Tage später. Gottwald nannte in einer umfangreichen Analyse drei Gründe für den Mißerfolg in der Slowakei: 1. daß auch zwei andere Parteien gescheitert seien (die Partei der Arbeit und die der Freiheit), was man nicht erwartet habe; 2. daß in der Slowakei "unser neues, volksdemokratisches Regime" nur sehr schwach verwirklicht worden sei, wofür er den slowakischen und tschechischen Kommunisten die Schuld gab; und 3. - als die wichtigste Ursache -, daß die Kommunisten in der Slowakei das Dorf und die kleinbürgerliche Schicht vernachlässigt und sie daher für ihre Politik nicht hätten gewinnen können[72].

Die tschechoslowakischen Historiker sind dieser Beurteilung der Wahlen durch Gottwald und Široký gefolgt[73]. Im allgemeinen wurden die Ursachen für den kommunistischen Mißerfolg einseitig auf das Aprilabkommen zwischen den Repräsentanten des politischen Katholizismus und der Demokratischen Partei reduziert. Nur einige Historiker sahen auch weitere Ursachen. K. Jech hat auf den starken Einfluß der Religion und auf die Ausnützung nationalistischer Tendenzen (gemeint sind hier antitschechische Tendenzen) durch die Demokratische Partei hingewiesen. Die gleiche Bedeutung maß Jech der Bodenreform bei, die die Positionen der Kommunisten bei den Landwirten - anders als in Böhmen und Mähren - nicht begünstigt habe. V. und O. Jaroš haben die Zusammenhänge zwischen dem Wahlergebnis und der Sozialstruktur der slowakischen Gesellschaft hervorgehoben[74].

Die Gründe für die Wahlniederlage der Kommunisten und für den Sieg der Demokratischen Partei sind zahlreich. Offenbar haben die Kommunisten in der Slowakei den maximalen Einfluß erreicht, den eine kommunistische Partei in freien Wahlen in einer agrarisch geprägten Gesellschaft erreichen kann; darüber hinaus handelt es sich noch um eine Gesellschaft, in deren politischen und parteipolitischen Struktur die religiöse Schichtung und Motivation der Bevölkerung eindeutig zum Ausdruck kommt. Ein weiteres Problem stellt die politische Taktik der Kommunisten und Demokraten dar: Die Kommunisten wurden auch taktisch-politisch geschlagen, weil die Demokraten eine Einheitsfront gegen den Druck der Kommunisten zu bilden vermochten.

Das galt allerdings nur bis zu den Wahlen. Die Freude in der Demokratischen Partei über ihren Wahlsieg war bald verflogen. Schon auf die ersten Zeichen der Ermutigung unter den Anhängern der Demokratischen Partei reagierten die Kommunisten in einer Weise, die deutlich machte,daß sie nicht gewillt waren, ihren Mißerfolg hinzunehmen[75]. Der Sieg der Demokratischen Partei war gewissermaßen der Anfang von ihrem Ende.

Nach den Wahlen verfolgte die tschechische und slowakische KP-Führung in ihrer Beziehung zu der Demokratischen Partei nur das eine Ziel: ihr Übergewicht in den gewählten slowakischen Staatsorganen zu brechen. Die Art, wie dieser Plan realisiert wurde, betraf die staatsrechtliche Stellung des slowakischen Volkes und die Souveränität seiner nationalen Organe und auch die Existenz der Demokratischen Partei selbst. Noch vor den Verhandlungen, die er über die neue Regierung und ihr Programm führte, schlug Gottwald eine Einschränkung der Kompetenz der slowakischen nationalen Organe[76], in denen die Demokratische Partei bei den Wahlen eine absolute Mehrheit erreicht hatte, vor. Für diesen Vorschlag fand Gottwald sehr leicht die Unterstützung aller tschechischen Parteien[77]. Auch die slowakischen Kommunisten waren damit, wenn auch ungern, einverstanden, in der Hoffnung, es handele sich - wie von Gottwald versprochen - um eine vorübergehende Maßnahme. Auf diese Weise entstand die sogenannte Dritte Prager Vereinbarung, deren Inhalt die Verlagerung der meisten Kompetenzen der slowakischen Organe auf die Zentralregierung und die Unterordnung der slowakischen Organe unter die Prager Regierung waren[78]. Im Herbst 1947 wurde die Abhängigkeit der slowakischen Organe von der Prager Regierung im sogenannten Ergänzungsprotokoll zur Dritten Prager Vereinbarung noch vergrößert[79]. Nach dem Februar 1948, also nach der Erreichung des kommunistischen Machtmonopols, wurde die staatsrechtliche Stellung der Slowakei und ihrer Nationalorgane in der Verfassung des 9. Mai so weit verankert, wie es in der Dritten Prager Vereinbarung und im Ergänzungsprotokoll vorgesehen war. Die Bestrebungen einiger kommunistischer Funktionäre, die Vollmachten der Organe, die sie bereits beherrschten, zu erweitern und den Prager tschechischen Zentralismus zu schwächen, hat Gottwald scharf abgelehnt und als "slowakischen Provinzialismus" bezeichnet[80].

Zugleich mit der Einschränkung der Kompetenzen der slowakischen Nationalorgane bereiteten die Kommunisten auch einen Schlag gegen die Demokratische Partei vor, der dann in drei Etappen durchgeführt wurde. In der ersten Regierungssitzung nach der Wahl bezichtigten die Kommunisten die Demokratische Partei der staatsfeindlichen Propaganda während des Wahlkampfs und setzten durch, daß der Innenminister beauftragt wurde, diesen Sachverhalt zu prüfen[81]. Gottwald erwog sogar einen Ausschluß der Demokratischen Partei aus der neuen Regierung. Das hätte nach den Bestimmungen der Nationalen Front und der bestehenden politischen Praxis ihre amtliche Auflösung zur Folge gehabt. Nur aus Rücksicht auf die internationale Stellung der Tschechoslowakei wurde davon Abstand genommen[82]. Das erwähnte Aprilabkommen zwischen der Demokratischen Partei und dem politischen Katholizismus nahmen die Kommunisten zum Vorwand, die Partei der staatlichen

Unzuverlässigkeit zu beschuldigen; im Einvernehmen mit anderen Parteien wurde beschlossen, die Funktionärskreise der Demokratischen Partei zu säubern[83].

Mit den Ergebnissen dieses ersten Schlages waren die Kommunisten zufrieden. Der starke politische und administrative Druck führte zwar nicht zur Spaltung der Demokratischen Partei, es wurden aber zwei andere wichtige Zwischenziele auf dem Weg zur Liquidierung der Partei erreicht: 1. gewannen die Kommunisten für ihre Kampfmaßnahmen gegen die Demokratische Partei die Unterstützung aller tschechischen Parteien und verhinderten auf diese Weise ein gemeinsames Vorgehen der nichtkommunistischen Parteien; 2. gelang es den Kommunisten mit Hilfe ihrer politischen Propaganda, in der tschechischen und auch in der slowakischen Gesellschaft das "Problem der staatlichen Unzuverlässigkeit der Demokratischen Partei" als festes Thema zu etablieren. Auch die Ansicht, die Slowakei stelle das politisch schwache Glied der Republik dar, setzte sich durch.

Die zweite Angriffswelle erreichte ihren Höhepunkt im Frühjahr 1947, als die KP-Führung damit rechnete, daß die Demokratische Partei kurz vor ihrer Spaltung stehe, und zwar in die zwei Komponenten des Aprilabkommens: die ehemaligen Agrarier, die überwiegend evangelisch waren, und die Repräsentanten des politischen Katholizismus. Die Kommunisten hatten vor, die Partei durch provozierte Konflikte zwischen diesen beiden Flügeln zu spalten. So versuchten sie, den Anhängern des politischen Katholizismus klar zu machen, daß die Demokratische Partei nicht fähig sei, ihre - katholischen - Interessen zu vertreten, in der Hoffnung, daß die Katholiken die Demokratische Partei verlassen würden. Als besonders wirksame Maßnahme bei diesen Bestrebungen wurde von den Kommunisten der Prozeß gegen den Priester Jozef Tiso, den Präsidenten des Slowakischen Staates in den Jahren 1939-1945, angesehen[84]. Vor allem wegen des politischen Kalküls bestanden sie auf der Höchststrafe, der Todesstrafe, für Tiso, die durchzusetzen ihnen schließlich auch gelang[85]. Sie erwarteten, seine Hinrichtung werde die Unzufriedenheit im politischen Katholizismus über die Unfähigkeit der Demokratischen Partei, Tiso zu retten, bis zum Konflikt in der Partei und schließlich bis zur Spaltung steigern. Diese Erwartung erfüllte sich allerdings nicht. Die Unzufriedenheit der Vertreter des politischen Katholizismus führte zwar zu Konflikten, sogar zu Spaltungstendenzen, die Demokratische Partei konnte jedoch ihre Einheit erhalten.

Dieser Mißerfolg machte einen neuerlichen Anschlag auf die Demokratische Partei nötig. Im Mai 1947 hatte die kommunistische Führung damit begonnen, eine Änderung der parteipolitischen Struktur in der Slowakei vorzubereiten[86]. Diese Vorbereitungen fanden in der Konstruktion einer staatsfeindlichen Verschwörung in der Slowakei ihren Höhepunkt.Die von den Kommunisten beherrschten Sicherheitskräfte fabrizierten mit Hilfe von Provokationen illegale Organisationen, die angeblich Verbindungen zur Emigration hatten. Der Beteiligung an der sogenannten Verschwörung wurden zwei Generalsekretäre der Demokratischen Partei, M. Bugár und J. Kempný, die in Untersuchungshaft genommen wurden, bezichtigt, sowie weitere hohe Funktionäre der Demokratischen Partei wie z.B. der Vizepremier und stellvertretende Vorsitzende der Demokratischen Partei J. Ursiny, der daraufhin demissionieren mußte. Für alle diese Funktionäre wurde ein politischer Prozeß vorbereitet.

Mit dieser Konstruktion verfolgten die Kommunisten zwei Ziele: einerseits wollten sie die Demokratische Partei schwächen und zerschlagen, andererseits wollten sie die "Verschwörung" als Vorwand benutzen, um eine politische Krise in der Slowakei hervorzurufen. Diese Krise trat am 31. Oktober 1947 ein, als der Vorsitzende des Kollegiums der Beauftragten, d.h. der slowakischen Regierung, Gustáv Husák mit dem ganzen Gremium zurücktrat. Die sogenannte Verschwörung und die politische Krise brachten die Demokratische Partei in eine schwierige Situation, die durch erfolglose Versuche seitens des politischen Katholizismus, die Demokratische Partei ganz in die Hand zu bekommen, weiter verschlechtert wurde. Die Führung der KPS hatte einige Möglichkeiten zur Überwindung der politischen Krise ausgearbeitet: Die maximale Lösung sah die völlige Ausschaltung der Demokratischen Partei aus dem Kollegium vor, die minimale Lösung lediglich die Schwächung ihrer Positionen. Letzteres wurde auch realisiert. Das neue Kollegium der Beauftragten wurde nach dem Prinzip gestaltet, daß keine der Parteien in ihm eine Mehrheit haben dürfe. Somit wurde in diesem höchsten Gremium der Wahlsieg der Demokratischen Partei zunichte gemacht. Es ist allerdings den Kommunisten nicht gelungen, auf der Basis dieses Prinzips alle staatlichen Organe in der Slowakei umzugestalten[87].

Seit den Maiwahlen des Jahres 1946 war die Demokratische Partei ständigem Druck und dauernden Angriffen seitens der Kommunisten und der Sicherheitskräfte ausgesetzt. In kurzer Zeit machte sie drei innerparteiliche Krisen durch und mußte den größten Teil ihrer Kräfte zur Verteidigung gegen diese Angriffe verwenden. Dennoch führte auch die dritte Angriffswelle nicht zur Liquidierung und Spaltung der Partei. Dieses Ziel ließ sich erst im Februar 1948 verwirklichen.

Statistische Untersuchung der Wahlergebnisse in den böhmischen Ländern

Im Gegensatz zur Slowakei konnte die kommunistische Partei in den böhmischen Ländern die führende Position erringen. Sie kam auf 40,2 % Stimmen, gefolgt von der Volkssozialistischen Partei mit 23,7 % Stimmen, der christlichen Volkspartei mit 20,2 % und der Sozialdemokratischen Partei mit 15,6 % Stimmen. Am stärksten war die Position der KPTsch in Böhmen, wo sie 43,3 % Stimmen erreichte, während sie in Mähren nur 34,5 % erhielt. Nahe an die Stärke der Kommunisten kam in Mähren die Volkspartei mit 27,6 % der Stimmen heran. Der Abstand zur zweitstärksten Partei war in Böhmen jedoch viel größer: Die Volkssozialisten, in Böhmen an zweiter Position, erreichten nur 25,2 % der Stimmen. Besonders ausgeprägt war der Abstand der Kommunisten zu den übrigen Parteien in den früher überwiegend deutschen Bezirken des tschechischen Landesteiles: Dort haben die Kommunisten mit 53 % der Stimmen die absolute Mehrheit erlangt, die zweitstärkste Partei, die Volkssozialisten, erhielt nur 19,7 % und die Sozialdemokratie 17,4 %; die Volkspartei kam nicht einmal auf 10 % Stimmen. Schon dieses Ergebnis deutet an, daß für die Grenzgebiete, die vorher überwiegend von Deutschen besiedelt waren, ein ganz anderes Stimmverhalten der Wähler charakteristisch war, was mit dem hohen Anteil von Neusiedlern an der dortigen Bevölkerung zusammenhängt. Während in den böhmischen Ländern insgesamt ca. 71 % der Bevölkerung, die dort am 22. Mai 1947 gezählt wurde, schon am 1. Mai 1945 in der gleichen Gemeinde anwesend waren, stellte sich die Situation in den Bezirken des Grenzgebietes völlig anders dar. Von der alten deutschen Bevölkerung war nur ein Bruchteil übriggeblieben, die meisten Wahlberechtigten des Jahres 1946 waren bereits Neusiedler. Dazu einige Beispiele von Bezirken mit besonders hohem Anteil an Neusiedlern: im Bezirk Tetschen waren von 80.936 Einwohnern, die dort am 22.Mai 1947 gezählt wurden, am 1.Mai1945 nur 8.615, d.h. 10,6 %, in der gleichen Gemeinde anwesend, und in den Bezirken Plan und Tepel waren es nur 6,0 %.

Es war anzunehmen, daß die Neusiedler in einem höheren Maße für die Kommunistische Partei und gegen die anderen Parteien gestimmt haben als die ansässige Bevölkerung, und daß die Stimmenanteile der Kommunisten mit dem Anteil der Neusiedler in den Bezirken in einem Zusammenhang stehen.

Diese Vermutung hat sich als statistisch hochsignifikant erwiesen. Schwieriger ist allerdings, den sozialen und politischen Inhalt dieser Beziehung zu erklären und im Zusammenhang damit auch die Frage der kausalen Wirkung. Die Verfasser neigen dazu, zwei Gruppen von Wirkungen als besonders relevant anzusehen: Erstens gingen sowohl altersmäßig als auch sozial gesehen ganz bestimmte Bevölkerungsschichten in das Grenzland - jüngere Leute aus unteren sozialen Schichten, vor allem Landarbeiter, die dort Land erhalten konnten. Außerdem erhoffte sich die untere Stadtschicht, die an der Umsiedlung beteiligt war, die Übernahme deutscher Gewerbebetriebe. (Es waren sicherlich auch viele Abenteurer darunter, die sich im Grenzland nur bereichern wollten.) Die Neigung, die Kommunistische Partei zu wählen, ergab sich somit schon aus sozialen Gründen. Es hat sich entscheidend ausgewirkt, daß im Grenzland tatsächlich gerade an diese Schichten das konfiszierte deutsche Eigentum verteilt wurde, und dies wurde zum großen Teil vor allem in der Landwirtschaft deutlich sichtbar von den Kommunisten betrieben. Diese Tatsache verstärkte die Neigung, das neue Regime und seine führende Kraft, die Kommunistische Partei, zu unterstützen.

Als Erklärungsmerkmale für das Wählerverhalten im Jahre 1946 wurden zum Teil die gleichen Bevölkerungsstrukturen verwendet, die bei der Wahl von 1935 als Erklärungsvariablen dienten, andererseits wurden auch neue Merkmale, die der Nachkriegsstatistik entstammen, eingeführt. Von den Ergebnissen der Volkszählung von 1930, die zur Analyse der Wahl von 1935 verwendet wurden, sind trotz großer Bevölkerungsverschiebungen in der Zwischenzeit einige Merkmale auch für das Jahr 1946 verwendet worden. Das war auf der einen Seite dadurch gerechtfertigt, daß sich in diesem Falle die Merkmale der Bevölkerung in den Regionen trotz des Bevölkerungswechsels wenig geändert hatten, was offensichtlich damit zusammenhängt, daß die Sozialstruktur der Bevölkerung stark in den vorgefundenen materiellen Bedingungen verankert war. Auf der anderen Seite war dieses Vorgehen insofern berechtigt, als man auf diese Weise dem spezifischen Verhalten der Neusiedler im Grenzland auf die Spur kommen konnte; der Anteil der Neusiedler insgesamt und in den einzelnen Sektoren und sozialen Schichten hängt nämlich sehr stark mit den entsprechenden Anteilen der früheren deutschen Bevölkerung zusammen.

Wenn sich also in den Tabellen ein Zusammenhang zwischen dem Wahlverhalten im Jahre 1946 und den Anteilen der deutschen Bevölkerung im Jahre 1930 zeigt, so handelt es sich für 1946 natürlich nicht um das Wahlverhalten der Deutschen - die nur noch einem geringen Teil anwesend waren und außerdem kein Wahlrecht besaßen - , sondern um das Wahlverhalten der Neusiedler, die an die Stelle der Deutschen getreten waren.

Außer der Sozialstruktur des Jahres 1930 konnte zur Erklärung der Wahlergebnisse von 1946 auch die aktuelle Nachkriegsstruktur der Bevölkerung nach sozialen Merkmalen verwendet werden. Die Sozialstruktur des Jahres 1947, die hier herangezogen wurde, unterscheidet sich einigermaßen von der des Jahres 1930. Dieser Unterschied in der Sozialstruktur geht nicht nur auf die Zwangsaussiedlung der Deutschen zurück, bestimmte Änderungen hat auch die Entwicklung der Bevölkerungsstruktur zwischen 1930 und 1945 mit sich gebracht, vor allem die Reformen in der tschechoslowakischen Gesellschaft seit 1945. Zwei Bevölkerungsgruppen haben zwischen 1930 und 1947 ihren Anteil verringert: die Selbständigen von 33,9 % auf 30 % und noch stärker die Arbeiter von 49,8 % auf 40,4 %. Die Verringerung des Anteils dieser beiden Gruppen erfolgte zugunsten der Gruppe der Beamten und Angestellten, die 1930-1947 von 16,3 % auf 26,7 % anwuchs. Hierin äußert sich offenbar schon zu Anfang des volksdemokratischen Regimes die starke Bürokratisierung des staatlichen Lebens, die in einem Zug mit der sozialistischen Umgestaltung der ganzen Gesellschaft nach kommunistischem Muster durchgeführt wurde. Schon damals wurden viele ehemals staatsfreie Bereiche des sozialen Lebens in die Obhut des Staates genommen. Es bleibt noch festzuhalten, daß die erwähnten Veränderungen der Sozialstruktur in Böhmen stärker als in Mähren waren.

Außer den sozialen Merkmalen wurde zur Erklärung der Wahl von 1946 auch die sektorale Struktur der Bevölkerung nach der Volkszählung des Jahres 1947 verwendet. Dabei wurde die Bevölkerung nach der Berufszugehörigkeit in folgende Sektoren aufgeteilt: Land- und Forstwirtschaft (24 %), Industrie (42,4 %), Bergbau (3,5 %), Gastwesen und Handel (11,6 %), Verkehr (7,5 %) und öffentlicher Dienst (10,9 %). Die hier angegebenen Anteile gelten für den gesamten tschechischen Landesteil, d.h. die böhmischen Länder insgesamt.

Besonders interessant erschien bei der Analyse des Wahlverhaltens von 1946 der Bezug zu den Wahlergebnissen von 1935. Dieser Zusammenhang soll am Anfang der statistischen Untersuchung der Wahlergebnisse von 1946 erörtert werden.

Es war bereits von der veränderten Parteienlandschaft in der Nachkriegstschechoslowakei die Rede. In den tschechischen Landesteilen der Tschechoslowakischen Republik wurden nach dem Kriege nur vier Parteien wieder zugelassen, die anderen - vor allem die größte tschechische Vorkriegspartei, die der Agrarier - wurden vom politischen Leben ausgeschlossen. Beim Vergleich der Wahlergebnisse von 1946 und 1935 war es weiterhin notwendig, die im Jahre 1946 nicht mehr existierenden deutschen Parteien von 1935 irgendwie zu berücksichtigen. Während es bei der Analyse des Zusammenhangs zwischen den Stimmanteilen der nach dem Krieg zugelassenen Parteien und denen der verbotenen Vorkriegsparteien um das Problem von Wählerwanderungen ging, war die Frage bei den deutschen Parteien der Vorkriegswahl eine andere. Hier handelte es sich nämlich speziell darum, das Wählerverhalten der Neusiedler zu untersuchen, die nach dem Krieg die ehemals deutschen Gebiete bevölkerten.

Auf Grund der obigen Überlegungen ergab sich der Satz der Erklärungsvariablen für die Analyse der Wahlen von 1946 auf der Grundlage der Wahlen von 1935 (Tab. A 41 - A 45). In diesem Satz der Erklärungsvariablen sind alle vier Nachkriegsparteien mit ihren Ergebnissen von 1935 vertreten. Die statistische Analyse soll zeigen, wie sich diese Parteien nach dem Kriege in ihren Vorkriegshochburgen gehalten haben, mit anderen Worten: wieviel sie von ihren Wählern der dreißiger Jahre auch nach dem Kriege an sich ziehen konnten. Zugleich soll sich zeigen, inwieweit die Parteien auch untereinander Wähler abgeben mußten, z.B.die

Sozialdemokraten an die Kommunisten und umgekehrt. In zweiter Linie handelt es sich darum, wie erfolgreich die Nachkriegsparteien bei den Wählern der nun mehr verbotenen Vorkriegsparteien waren. Und die dritte interessante Frage gilt dem Verhalten der Neusiedler, deren Stimmenanteil in etwa dem der deutschen Parteien vor dem Kriege entsprach.

Zunächst zur Frage, wie treu die Vorkriegswähler ihren Parteien geblieben sind. Hier waren drei Parteien erfolgreich: die Volkspartei, die Volkssozialisten und mit kleinem Abstand auch die Kommunisten. Die Sozialdemokratische Partei konnte dagegen kaum die Hälfte ihrer Vorkriegswähler wieder auf sich vereinigen. Der Löwenanteil von diesem Wählerschwund der Sozialdemokraten kam der Kommunistischen Partei zugute. Er wurde nur zu einem geringen Teil dadurch wettgemacht, daß ungefähr ein Fünftel der kommunistischen Vorkriegswähler nach dem Krieg für die Sozialdemokraten gestimmt haben. Der Erfolg der Kommunisten nach dem Zweiten Weltkrieg wird damit aber nur zum Teil erklärt.

Ein zweiter Grund für den kommunistischen Sieg lag darin, daß die Kommunisten von dem Verbot einiger Vorkriegsparteien am meisten profitierten. Die Reihenfolge der Gewinner in dieser Hinsicht war wie folgt: hinter den Kommunisten lagen an zweiter Stelle die Volkssozialisten, an dritter die Volkspartei und weit abgeschlagen die Sozialdemokraten.

Auch vom Wählerverhalten der Neusiedler profitierten die Kommunisten am meisten. Hier standen die Sozialdemokraten und die Volkssozialisten an zweiter Stelle. Nur kleine Gewinne konnte die Volkspartei im Grenzland für sich verbuchen.

Aufmerksamkeit verdienen auch einige regionale Unterschiede des Wählerverhaltens. So war z.B. die Abwanderung sozialdemokratischer Wähler zu den Kommunisten in Böhmen viel stärker als in Mähren-Schlesien. Der Zugewinn der Parteien durch die Neusiedler kann an Hand der Stimmabgabe in den früher mehrheitlich deutschen Bezirken noch einmal überprüft werden. Dabei zeigt sich, daß die Kommunisten mehr als die Hälfte der Stimmen der Neusiedler an sich ziehen konnten, die übrigen Parteien blieben weit abgeschlagen: Die Volkssozialisten und die Sozialdemokraten erreichten jeweils weniger als 20 %,und bei der christlichen Volkspartei lag der Prozentsatz nahe bei Null. Diese Feststellung kann durch die Betrachtung der Wahlergebnisse anhand der *nationalen Struktur der Bevölkerung* als Ersatzvariable (Tab. A 46- A 50) erhärtet werden. Auch hier entsprechen die Anteile der Deutschen denen der Neusiedler nach dem Krieg.

Die gleichen Tatsachen kommen auch bei der Betrachtung der *kombinierten sozialen und nationalen Struktur der Bevölkerung* auf der Grundlage der Volkszählung des Jahres 1930 zum Ausdruck (Tab. A 51-A 55). Wie aus dieser Aufstellung hervorgeht, haben nicht nur die tschechischen Neusiedler im allgemeinen, sondern auch gerade die Neusiedler, von denen die landwirtschaftlichen und gewerblichen Betriebe der Deutschen übernommen wurden, die kommunistische Partei eindeutig vorgezogen. Vermutlich verbanden diese Wähler mit dem Regime und der Partei, die sie als eine treibende Kraft betrachteten, nicht nur den Gewinn dieses Besitzes, sondern auch seine Erhaltung für die Zukunft.

Eine weitere Vertiefung der Analyse der sozialen Bedingungen für die Wahlergebnisse von 1946 ergibt sich aus der Betrachtung dieser Wahlergebnisse im Zusammenhang mit der *Zugehörigkeit der Bevölkerung zu den wirtschaftlichen Sektoren* (Tab. A 56-A 60). Der kommunistische Sieg wurde demnach dadurch ermöglicht, daß die Partei praktisch auf allen Sektoren eine starke Position innehatte. Die Volkspartei z.B. war zwar im Bereich der Landwirtschaft recht stark, in anderen Sektoren jedoch nur schwach vertreten. Die Sozialdemokraten hatten dagegen in der Landwirtschaft kaum nennenswerte Erfolge zu verzeichnen. Eine relativ ausgeglichene Position hielten auf fast allen Sektoren die Volkssozialisten. Sie waren jedoch fast überall schwächer als die Kommunisten, deutlich stärker waren sie nur im öffentlichen Dienst. Die Kommunisten hielten eine feste Monopolstellung im Verkehr und im Bergbau und waren insgesamt stärker in der Industrie als in der Landwirtschaft. Eine ernste Konkurrenz für die Kommunisten stellte in der Landwirtschaft nur die Volkspartei dar. Die anderen Parteien traten hier kaum in Erscheinung.

Das Wahlverhalten der Landwirte verdient besondere Aufmerksamkeit. Das ergibt sich u.a. auch daraus, daß die KPTsch, wie bereits oben erwähnt wurde, sich als stärkste Partei auf dem flachen Lande und somit auch in der Landwirtschaft betrachtete. Eine so starke oder führende Position der Kommunisten auf dem Land wäre sicher ein im internationalen Vergleich seltenes und interessantes Phänomen. Hierbei müssen einige zwar korrelierende, aber doch verschiedensartige Tatbestände auseinandergehalten werden. Vor allem ist die Tatsache von Bedeutung, daß die Dorfbevölkerung in dieser Zeit nur zu einem Teil in der Landwirtschaft tätig ist. Gerade in Böhmen und Mähren ergibt sich aus der Dichte der Besiedlung und dem relativ hohem Industrialisierungsstand, daß in den Dörfern viele Industriebeschäftigte und Arbeiter wohnen, und daß ein Teil der Familien, die auf dem Lande leben, eine gemischte sektorale Zugehörigkeit aufweist: ein Teil ist in der Landwirtschaft, ein Teil in der Industrie oder in anderen nichtlandwirtschaftlichen Berufen beschäftigt.

In bezug auf das Wahlverhalten der eigentlichen landwirtschaftlichen Bevölkerung ergibt sich aus den vorliegenden statistischen Ergebnissen keineswegs eine führende Position der kommunistischen Partei auf diesem Sektor. Ein Vergleich zwischen der KPTsch und der Volkspartei zeigt das eindeutig in vier von fünf unserer regionalen Untersuchungen.

Die fünf untersuchten Regionen sind:

1. Die böhmischen Länder (Böhmen und Mähren-Schlesien) insgesamt;
2. Böhmen;
3. Mähren-Schlesien;
4. die überwiegend nichtdeutschen Bezirke;
5. die überwiegend deutschen Bezirke.

Im gesamten tschechischen Landesteil (Böhmen, Mähren-Schlesien) kamen nach unserer Analyse die Kommunisten auf etwa 25 % der Stimmen der landwirtschaftlichen Bevölkerung, die Volkspartei dagegen auf fast 60 %. Weniger ausgeprägt war der Vorsprung der Volkspartei bei der landwirtschaftlichen Bevölkerung Böhmens: hier betrug der Anteil der Volkspartei ca. 46 %, der Anteil der Kommunisten ca. 30 % der Stimmen. In Mähren dagegen fiel der Unterschied zwischen Kommunisten und Volkspartei noch viel krasser zugunsten der letzteren aus, die hier ca. 65 % der Stimmen der landwirtschaftlichen Bevölkerung erringen konnte. Genauso deutlich war der Vorsprung der Volkspartei vor den Kommunisten auch in den früher mehrheitlich nichtdeutschen (tschechischen) Bezirken.

Nur in der zuletztgenannten regionalen Einheit dieser Untersuchung, in den früher mehrheitlich deutschen Bezirken, sieht die Relation anders aus. Der statistische Vergleich zeigt, daß hier die Kommunisten ungefähr die Hälfte der landwirtschaftlichen Wähler an sich ziehen konnten, die Volkspartei dagegen nur etwas mehr als 30 %.

In der zeitgenössischen Analyse der Wahlergebnisse auf dem flachen Lande sah man die Kommunisten auch hier als führende Partei an. Die Situation wurde also nicht nur von den Kommunisten so eingeschätzt. Dabei konnte man sich auf die ausgezeichnete Analyse der Wahlergebnisse von Václav Brož stützen.
Bei der Analyse der Ergebnisse auf dem flachen Lande kommt Brož durch zwei Arten von Zahlenvergleichen zu dem Schluß, daß die Kommunisten 1946 die führende Partei auch auf dem Lande wurden. Zunächst wurden die durchschnittlichen Stimmanteile der Parteien in den Gemeinden mit mehr bzw. weniger als 5000 Einwohner untersucht. In der Tat war die Kommunistische Partei in diesen Kategorien von Gemeinden stärkste Partei. Weil jedoch dieser Vergleich aus den oben dargelegten Gründen für die Analyse des Stimmverhaltens der Landwirte nicht ausreichend ist, versucht Brož noch auf eine andere Weise zu einem Ergebnis zu kommen. "Deutlicher als in den Wahlergebnissen in den zwei Größenordnungen der Gemeinden, d.h. der Land- und Stadtgemeinden, tritt der Einfluß des Berufes der Bevölkerung auf den relativen Anteil der Parteien hervor, wenn man die Wahlergebnisse in drei Gruppen von Gerichtsbezirken untersucht, und zwar a) mit einem Bevölkerungsanteil von mehr als 50 % in der Landwirtschaft Beschäftigter, b) mit einer Bevölkerung, die ihre Existenzgrundlage in der Industrie findet, und c) in gemischten Bezirken. Die Basis für diese Einteilung der Bezirke bildete die Berufszugehörigkeit nach der Volkszählung von 1930: Die Kommunistische Partei hat mehr als ein Drittel aller Stimmen in allen drei Gruppen dieser Bezirke erreicht und wurde somit zu einer gesamtnational führenden Partei. Der absoluten Mehrheit kam sie in den Industriegebieten am nächsten. Die anderen drei Parteien erreichten überall weniger als ein Viertel der Stimmen, nur die Volkspartei näherte sich einem Drittel der Stimmen in den landwirtschaftlichen Gebieten"[88].

Wie diese Argumentation zeigt, soll das Stimmverhalten nach dem Beruf festgestellt werden. In diesem Fall geht es nur um das Stimmverhalten der bäuerlichen Bevölkerung. Dazu reicht die damals verfügbare Methode, nach der die Bezirke gemäß dem Anteil der landwirtschaftlich Berufstätigen aufgeteilt werden, jedoch nicht aus. Sie ermöglicht zwar eine annähernde Lösung des Problems,die genauer ist, als wenn man die Ergebnisse insgesamt betrachten würde. Aber erst das Modell der mehrfachen Regressionsanalyse des Zusammenhangs der Wahlergebnisse der Parteien mit der Bevölkerungsstruktur nach dem Beruf erlaubt es, eine viel direktere Beziehung zwischen dem Anteil der landwirtschaftlichen Bevölkerung und den Stimmanteilen der Parteien herzustellen. Auf Grund der statistisch gut gesicherten Ergebnisse dieser Untersuchung läßt sich behaupten, daß die Kommunistische Partei aus der Wahl von 1946 bei der landwirtschaftlichen Bevölkerung nicht als stärkste Partei hervorgegangen ist. Vielmehr war die Volkspartei in dieser Bevölkerungsschicht am stärksten vertreten. Es stimmt allerdings, daß die Kommunisten das beste Ergebnis bei den Landwirten sowohl in den früher überwiegend deutschen Bezirken als auch in einem Teil jener Bezirke, die 1938 ganz an das Deutsche Reich abgetreten wurden, erreicht haben (s. Tab. A 66).

Einen weiteren Einblick in das Wahlverhalten bringt die Aufteilung der Bevölkerung nach den sozialen Gruppen der Selbständigen, Beamten, Angestellten und Arbeiter (Tab. A 67-A 71). Diese Struktur hängt mit der Verteilung der Bevölkerung auf Wirtschaftssektore eng zusammen. Der Anteil der Selbständigen steigt mit dem Anteil der landwirtschaftlichen Bevölkerung und fällt mit zunehmendem Anteil der industriellen Bevölkerung. Daher kann man die Frage der Rangfolge der Parteien unter der bäuerlichen Bevölkerung noch auf eine andere Weise betrachten. Es zeigt sich, daß die Kommunistische Partei bei den Selbständigen hinter der Volkspartei an zweiter Stelle steht, lediglich in den früher vorwiegend deutschen Bezirken des Staates nimmt sie die erste Stelle ein. Eindeutig führend ist die KPTsch dagegen generell bei den Arbeitern und Angestellten. Bei den Beamten führte die Volkssozialistische Partei mit rund zwei Drittel der abgegebenen Stimmen.

Betrachtet man die Wahlergebnisse nach der religiösen Zugehörigkeit der Bevölkerung, so gibt es keine Überraschungen: die Ergebnisse der einzelnen Parteien entsprechen ihrem bekannten Profil (Tab. A 61-A 64). Die Volkspartei wurde von ungefähr 30 % der Katholiken, wobei Mähren an der Spitze liegt, und kaum von der nichtkatholischen Bevölkerung gewählt. Die Volkssozialisten waren unter allen religiösen Gruppen vertreten - auffällig hoch vor allem bei den

Wählern aus der tschechoslowakischen Kirche. Allerdings gilt das nicht für Mähren, wo diese religiöse Gruppe stärker kommunistisch und sozialdemokratisch wählte. Bei einem Vergleich dieser beiden Parteien fällt auf, daß die Katholiken sich vorzugsweise für die Kommunisten entschieden, die Protestanten hingegen ungefähr gleich häufig für die KPTsch und die Sozialdemokratie stimmten.

Abschließend wurde versucht, die Wahlergebnisse der Parteien bei der bäuerlichen Bevölkerung noch näher *nach der Art der landwirtschaftlichen Produktionsgebiete* und damit zugleich nach dem Einkommen der Landwirte zu differenzieren (Tab. A 72-A 76). Dazu wurde die nach dem Kriege gültige Aufteilung des tschechoslowakischen Staatsgebietes in landwirtschaftliche Produktionsgebiete verwendet. Die gegebenen vier Produktionstypen der Landwirtschaft - Futterpflanzenanbau, Kartoffelanbau, Getreide- und Kartoffelanbau und Zuckerrübenanbau - wurden weiter auf die nach dem Vorkriegsstand überwiegend tschechischen und deutschen Bezirke aufgeteilt. Daraus ergeben sich acht Gruppen.

Von den früher überwiegend deutschen Bezirken gehörten zu wenige zum Kartoffel- und zum Zuckerrübenanbaugebiet, um selbständige Gruppen zu bilden. Somit kamen zustande: 12 Bezirke für das tschechische und 23 Bezirke für das frühere deutsche Futterpflanzenanbaugebiet; 20 Bezirke für das tschechische Kartoffelanbaugebiet; 36 Bezirke für das tschechische und 23 Bezirke für das deutsche Getreideanbaugebiet; schließlich 37 Bezirke für das tschechische Zuckerrübenanbaugebiet.

Dabei ergab sich, daß die Kommunistische Partei bei den Landwirten in den früher deutschen Futterpflanzenbezirken am stärksten war; in den tschechischen Futterpflanzen-, Kartoffelanbau- und Zuckerrübengebieten war sie dagegen kaum vertreten. Die Volkspartei hatte ihre stärkste Position in den tschechischen Futterpflanzengebieten, dicht gefolgt von den tschechischen Kartoffel- und Zuckerrübenanbaugebieten. Aber auch in anderen landwirtschaftlichen Produktionsgebieten war sie signifikant vertreten, am schwächsten in den früher deutschen Futterpflanzengebieten. Die Sozialdemokratische Partei, die in der Landwirtschaft gesamtstaatlich gesehen wenig Wähler hatte, fand diese Situation ziemlich gleichmäßig in allen landwirtschaftlichen Produktionsgebieten vor. Etwas stärker war ihre Position lediglich in den ehemals deutschen Futterpflanzengebieten. Die eigentliche Stärke der Volkssozialisten bei der landwirtschaftlichen Bevölkerung lag dagegen in dem Bereich der wohlhabenden Zuckerrübenanbauer.

Statistische Untersuchung der Wahlergebnisse in der Slowakei

Anders als in den böhmischen Ländern mußte in der Slowakei die Kommunistische Partei eine Niederlage einstecken; ihr Gegenspieler, die Demokratische Partei, ging aus den Wahlen als eindeutiger Sieger hervor. Das hatte für die Entwicklung in der Slowakei und im Gesamtstaat bis in die Gegenwart weitreichende Konsequenzen. Den beiden anderen Parteien kam nur eine marginale Bedeutung zu. Die Demokratische Partei erreichte in der Slowakei fast 63 % der Stimmen, die Kommunistische Partei etwas weniger als 31 %, die Partei der Freiheit 3,8 % und die Partei der Arbeit 3,1 %. Der Anteil der leeren Stimmzettel betrug um die 0,8 %.

Ähnlich wie im tschechischen Landesteil hatte sich auch in der Slowakei der nationale Hintergrund für die Wahlen des Jahres 1946 im Vergleich zu den Wahlen von 1935 stark verändert. Die magyarische Bevölkerung der Slowakei wurde zwar nicht ausgesiedelt (obwohl die politische Führung dies versucht hatte), sie besaß jedoch kein Wahlrecht. Aus diesem Grund beschränkt sich die Frage nach dem nationalen Hintergrund der Wahlen auf die eher marginale Frage des Wahlverhaltens der Slowaken auf der einen und der Russen und Ukrainer auf der anderen Seite. Das Problem der Neusiedler und deren Wahlverhalten existiert für die Slowakei nicht.

Mit der nationalen Zusammensetzung der Bevölkerung hängt allerdings die Frage zusammen, inwieweit die Kommunisten, die ihre starke Vorkriegsposition bei der magyarischen Bevölkerung im Jahre 1946 nicht mehr nutzen konnten, diesen Stimmenverlust ausgleichen konnten.Eine solche Ausgleichsmöglichkeit war für sie vor allem im Verschwinden der Sozialdemokratischen Partei aus der slowakischen Parteienlandschaft gegeben.

Unter dem Aspekt der W ä h l e r w a n d e r u n g e n (Tab. A 100) konzentriert sich die Aufmerksamkeit auf das Verhalten der Wähler der vor dem Kriege bestehenden und danach verbotenen Parteien. Es handelt sich hier vor allem um die vor dem Kriege stärkste, die Slowakische Volkspartei Hlinkas, und um die zweitstärkste, die Agrarier-Partei. Weiter ist interessant, inwieweit sich die Gleichschaltung der Sozialdemokratischen Partei für die Kommunisten auszahlte, bzw. wieviele der ehemaligen sozialdemokratischen Wähler den spät und unter schwierigen Bedingungen angetretenen Erben ihrer Partei, die Partei der Arbeit, wählten. Die Kommunisten haben zwar die meisten ihrer Vorkriegswähler und auch die meisten ehemaligen sozialdemokratischen Wähler für sich gewinnen können, doch das stärkste Wählerpotential lag bei den verbotenen Parteien, und hier waren sie wenig erfolgreich. Unter den ehemaligen Wählern der Agrarier waren sie kaum signifikant vertreten und von den Wählern des Vorkriegsblockes der Autonomisten haben sie nur ca. ein Viertel erhalten. Die Demokratische Partei konnte dagegen fast alle Wähler der Agrarier an sich ziehen und auch ca. 70 % der Wähler der früheren Hlinka-Partei. Für die Partei der Arbeit stimmten praktisch nur ehemalige Wähler der Vorkriegssozialdemokratie.

Im Rahmen der Neuorientierung der Wählerschaft nach dem Kriege wurde auch die Hypothese des unterschiedlichen *Wahlverhaltens der Bevölkerung in den aufständischen und den anderen Bezirken der Slowakei* geprüft (es handelt sich hier um die 14 Bezirke, die zum Gebiet des Slowakischen Aufstands von 1944 gehörten). In diesen Bezirken konnten nur die Kommunisten signifikante Stimmengewinne erreichen, die anderen Parteien lagen dort entweder unter oder auf ihrem sonstigen Niveau. Wenn man jedoch die Situation in den aufständischen Bezirken vor dem Hintergrund der *sektoralen Struktur der Bevölkerung* (Tab. A 101) betrachtet, zeigt sich, daß die bessere Position der Kommunisten in diesen Bezirken auf die besondere sektorale und soziale Struktur ihrer Bevölkerung zurückgeht. Diese Bezirke waren stärker industrialisiert, was sich für die Kommunisten - die ihre Wähler vor allem unter der Industriebevölkerung hatten - positiv auswirkte.

Allerdings fiel die Wahlentscheidung in der Slowakei vor allem auf Grund des Wahlverhaltens der landwirtschaftlichen Bevölkerung. Deren Anteil in der Slowakei ist zwar 1930-1946 von 56,8 % auf 48,1 % gesunken, doch machte der Anteil der Industriebevölkerung im Jahre 1946 immer noch weniger als die Hälfte (22,7 %) aus. Die Kommunisten haben bei der Industriebevölkerung mit ungefähr 75 % den gleichen Anteil erhalten wie die Demokraten bei der bäuerlichen Bevölkerung; das größere Gewicht dieser Bevölkerungsgruppe in der Slowakei gab aber den Ausschlag zugunsten der letzteren.

Bezüglich der n a t i o n a l e n S t r u k t u r der Wahlergebnisse von 1946 zeigen sich keine deutlichen Unterschiede im Wahlverhalten der Slowaken auf der einen und der Russen und Ukrainer auf der anderen Seite (Tab. A 102). Erwähnenswert ist nur, daß die beiden großen Parteien - die Demokraten und die Kommunisten - bei beiden nationalen Gruppen vertreten waren; die kleinen Parteien - die Partei der Freiheit und die Partei der Arbeit - blieben dagegen weitgehend auf die slowakische Bevölkerungsschicht beschränkt.

Es bleibt schließlich die R e l i g i o n s z u g e h ö r i g k e i t im Zusammenhang mit dem Wahlausgang zu betrachten (Tab. A 103). Während sich die Demokraten etwas mehr auf die katholische Bevölkerung stützen konnten, hatten die Kommunisten die stärkste Position unter den Protestanten. Von den zwei kleinen Parteien war vor allem die Partei der Freiheit bei den Protestanten etwas stärker vertreten als bei den Katholiken.

4. DIE WAHLEN DES JAHRES 1948

Die Tätigkeit der Verfassungsgebenden Nationalversammlung war gesetzlich auf zwei Jahre beschränkt. Schon Ende 1947 begannen die politischen Parteien mit den Vorbereitungen zu den neuen Parlamentswahlen. Diesen wurde eine Schlüsselrolle für das weitere Schicksal der Republik zugeschrieben. Nachdem die Regierung im zweiten Halbjahr 1947 die Beteiligung der Tschechoslowakei am Marshall-Plan abgelehnt hatte, bereiteten sich die Kommunisten auf den Marsch zur Erlangung des Machtmonopols vor. Der Kampf um die Erhaltung des bisherigen volksdemokratischen Systems, d.h. der Versuch, die Kommunisten an der Realisierung ihres Zieles zu hindern, nahm immer deutlicher eine Schlüsselstellung im ganzen politischen Leben ein. Die Vertreter der nichtkommunistischen Parteien waren überzeugt, daß die entscheidende Schlacht um dieses Ziel die nächsten Wahlen sein würden, und sie hatten keinen Zweifel an ihrem Sieg. Für die kommunistische Führung war die Wahl dagegen nur eine, nicht die einzige und schon gar nicht die wichtigste der möglichen Lösungen. Gottwald war zwar nicht davon überzeugt, daß seine Partei die absolute Mehrheit der Stimmen gewinnen würde (er ging von 3-4 % Stimmen weniger aus[89]), er rechnete aber fest mit der Unterstützung einiger nichtkommunistischer Abgeordneter, die bereit waren, mit den Kommunisten zusammenzuarbeiten[90].

Die machtpolitische Aktivität der Kommunisten, vor allem mit Hilfe der von ihnen beherrschten Sicherheitskräfte, war eine dauernde Konfliktursache in der Nationalen Front und in allen Vollzugsorganen sowie eine Quelle wachsender Spannungen in der Gesellschaft. All das wiederum förderte eine Annäherung und ein gemeinsames Vorgehen der nichtkommunistischen Parteien. In dieser Situation konnte jede halbwegs bedeutende politische Entscheidung oder sozioökonomische Maßnahme der Regierung und des Parlaments zu einem großen Konflikt führen. Den Parteien gelang es nur noch mit großen Schwierigkeiten, zu Kompromissen zu finden. Umstritten waren insbesondere einige Teile des neuen Verfassungsentwurfs, vor allem im Hinblick auf die verfassungsrechtliche Verankerung der tschechisch-slowakischen Beziehung. Bei den nichtkommunistischen Politikern wuchsen die Bedenken, ob das Parlament fähig sein würde, seine Aufgabe zu erfüllen und innerhalb der geplanten Zweijahresfrist die Verfassung noch rechtzeitig zu verabschieden. Diese Frage wurde für die Diskussion über den Wahltermin außerordentlich wichtig.

Die Nationale Front befaßte sich zunächst am 21., dann am 28. Januar und am 5. Februar 1948 mit der bevorstehenden Parlamentswahl. Ein genauer Termin wurde jedoch nicht vereinbart. Die Parteien waren verschiedener Meinung darüber, ob man die Abhaltung der nächsten Wahlen von der vorherigen Annahme der Verfassung abhängig machen sollte. Die Kommunisten und Sozialdemokraten bejahten dies und empfahlen, den Wahltermin auf die zweite Maihälfte zu legen. Sie stützten sich auf die Meinung von Präsident Beneś und drohten, daß die Wahl ohne vorherige Billigung der Verfassung zu einer harten Machtprobe führen würde. Dazu ließ Kopecký verlauten: " [es wäre] das tatsächliche Ende der Nationalen Front,und ich kann mir nicht vorstellen, worüber wir uns noch einigen sollten oder könnten, und das hieße, der Entwicklung freien Lauf zu lassen, und wohin könnte das führen?" Die Repräsentanten der anderen Parteien waren ebenfalls für die Annahme der Verfassung vor den Wahlen, wiesen jedoch auf die ungünstige politische Atmosphäre und auf das starke Mißtrauen in der Nationalen Front, das durch das Verhalten der Kommunisten verursacht worden sei, hin. Sie gaben zu verstehen, sie würden folglich keine Hoffnung auf eine baldige Einigung in den kontroversen Fragen sehen. Ihrer Meinung nach konnten erst die Wahlen eine Änderung im politischen Klima bringen, daher schlugen sie vor, die Wahlen in der zweiten Aprilhälfte ohne Rücksicht auf den Stand der Verfassungsberatung abzuhalten[91].

Die Spekulation auf eine vorzeitige Wahl war ein Grund dafür, daß die Minister der Volkssozialistischen Partei, der Volkspartei und der slowakischen Demokratischen Partei am 20. Februar 1948 zurücktraten. Unmittelbarer Anlaß zu diesem Schritt, der zu einer Regierungskrise führte, waren die Aktivitäten und das ungesetzliche Verhalten der Kommunisten in bezug auf die Sicherheitskräfte, das gegen die Funktionäre der nichtkommunistischen Parteien gerichtet war[92]. Die Minister rechneten damit, durch ihren Rücktritt eine vorzeitige Ausschreibung der Wahlen zu erzwingen, in der Hoffnung, daß ihre Parteien aus diesen Wahlen siegreich hervorgehen würden. Die Kommunisten nutzten dagegen die Regierungskrise für den letzten entscheidenen Kampf um das Machtmonopol. Innerhalb von fünf Tagen verwirklichten sie ihre Absicht und bekamen alle unteren Vollzugsorgane und Massenorganisationen in die Hand, besetzten alle Schlüsselpositionen im Staats- und Wirtschaftsapparat und zerschlugen die anderen politischen Parteien oder ordneten sie unter. Am 26. Februar 1948 ernannte Präsident Benes die neue Regierung Gottwald unter kommunistischem Vorzeichen. Am 9. Mai billigte das Parlament eine neue Verfassung, und am 30. Mai fanden die Parlamentswahlen statt.

Das Präsidium des Zentralkomitees der Kommunistischen Partei der Tschechoslowakei beschloß am 22. März 1948, daß die Partei in der nächsten Wahl selbständig kandidieren werde, und verpflichtete die Funktionäre, "die selbständige Kandidatur der übrigen Parteien nicht zu verhindern, im Gegenteil, sie sollten ihnen bei der Zusammenstellung der Kandidatenlisten helfen"[93]. Man wollte durch die Wahlergebnisse die Legitimität des Regimes vor dem In- und Ausland dokumentieren und rechnete für die eigene Partei mit einem Stimmenanteil bis zu 75 %. Am 23. März begründete der Generalsekretär der KPTsch Rudolf Slánský vor den Kreisparteisekretären die Bedeutung eines hohen Sieges: "Wir brauchen einen solchen Wahlerfolg. Wir brauchen ihn für die Zukunft. Der heutige Zustand, daß alle Partner unsere Vorschläge billigen, würde sich ändern, wenn unser Sieg nicht durch die Wahl bestätigt würde. In den Wahlen müssen wir unseren Gegnern den Gnadenstoß geben und erreichen, daß sie für alle Zeit bescheiden bleiben, daß sie einfach verschwinden."

Er gab dazu folgende Anweisungen:

"Wir müssen zu der alten Methode zurückkehren, die Wählerverzeichnisse nehmen, dort die Leute kennzeichnen, die zu den Familien unserer Anhänger gehören, und weiter diejenigen aufzählen, von denen wir nicht wissen, ob sie uns wählen werden. Diesen Leuten sollen [...] Zweiergruppen zur Agitation zugeteilt werden, damit sie sich um sie kümmern können. Das bleibt nun unsere Hauptaufgabe"[94].

Nach den Voraussagen der Kreisführungen, die dem Zentrum in der letzten Märzwoche zugeleitet wurden, konnte die Partei im tschechischen Landesteil nur 58-59 % der Stimmen gewinnen[95]. Diese Prognosen wurden später auch von Gottwald und Slánský bestätigt[96]. Sie waren der Hauptgrund für die Entscheidung des Präsidiums des ZK vom 5. April, mit der der Beschluß über die selbständige Kandidatenliste aufgehoben wurde: "Die Wahlen werden mit der Einheitsliste der Nationalen Front durchgeführt"[97].

Somit wurde eine Einheitsliste der Nationalen Front aufgestellt. 70 % aller Kandidaten waren Kommunisten, die anderen Parteien erhielten je 10 %. Da die Liquidierung der Sozialdemokratie durch einen Zusammenschluß mit den Kommunisten noch vor der Wahl zustande kam, wuchs deren Anteil auf 80 % an. Die Führungen der anderen Parteien, die nach dem Februar von den Kommunisten eingesetzt worden waren, stimmten der Einführung einer Einheitsliste zu[98], nicht jedoch Präsident Beneš.

Der Präsident forderte die Verankerung des Rechts auf die Bildung einer oppositionellen Kandidatenliste in die Wahlordnung[99]. Die kommunistische Führung empfahl, der Forderung des Staatspräsidenten zu entsprechen und die Möglichkeit einer oppositionellen Kandidatenliste - bei mindestens 1000 beglaubigten Unterschriften in den einzelnen Wahlkreisen - einzuräumen[100]. Es wurde jedoch keine solche Kandidatenliste vorgelegt.

Die Motive, die zu der Entstehung der Einheitsliste führten, faßte Gottwald in seiner Rede auf der ZK-Sitzung der Partei am 9. April 1948 zusammen: "Im Präsidium der Partei befaßten wir uns mit der Frage unserer Wahltaktik und sind zunächst zu der Meinung gekommen, daß wir vielleicht nur mit Ausnahme der Slowakei selbständig kandidieren und auch die Kandidatenlisten der übrigen Regierungsparteien selbständig zulassen sollten. Wir sind von der Tatsache ausgegangen, daß die Erreichung der Mehrheit schon vor dem Februar 1948 möglich war und daß diese Mehrheit nach dem Februar ganz klar erreicht werden wird. Wir sind von der Überlegung ausgegangen, daß wir zur Erreichung der Mehrheit klare Chancen haben, daß wir uns gegenüber dem Westen eine Geste erlauben und zeigen können, daß wir als Kommunisten unter Einhaltung der demokratischen Regeln eine sehr große Mehrheit gewonnen haben. Letzlich sind wir davon ausgegangen, unseren Genossen die Lebensfreude nicht zu nehmen: die Genugtuung, wenn sie diese Ernte schätzen werden, die sie nach langem und schwierigem Kampf eingebracht haben. Dann haben wir uns das noch einmal überlegt, und am Ende hat das Präsidium der Partei diese Lösung und den Beschluß revidiert. Wir haben uns gesagt, daß wir die ganze Angelegenheit nicht bis zu Ende durchdacht haben, daß wir wegen des äußeren Effekts eine Reihe von wichtigen Dingen vergessen haben. Warum empfehlen wir, daß das ZK eine Einheitsliste billige? Vor allem haben wir gesagt, was das Ausland betrifft, so wird man auf jeden Fall sagen, daß das ein

Schwindel, ein Betrug ist. Die beschimpfen uns sowieso, mehr Kredit geben die uns sowieso nicht. Innenpolitisch haben wir uns gesagt: Wir haben im Februar eindeutig und unumstritten gesiegt, so daß etwas sehr Großes geschehen müßte, um diesen Februarsieg zu krönen, das bedeutet, nach dem Februar 65 % zu bekommen, das wäre zu wenig"[101].

Die Einheitsliste blieb über ihren Entstehungszeitpunkt hinaus erhalten. Sie wurde zu einer dauerhaften Einrichtung im kommunistischen Regime, wo sie einer kleinen Gruppe von Funktionären, die über die personelle Zusammensetzung aller staatlichen und repräsentativen Organe bestimmen, eine einmalige Machtstellung sichert. Der Wähler hat in einem solchen Fall nur das Recht, die Entscheidung der kommunistischen Führung formal zu billigen. Die Einheitsliste bedeutet eine Negation dessen, was Wahlen eigentlich darstellen sollen: der Bürger wählt nicht mehr unter Alternativen und kann somit den "Sieg" der Einheitsliste auch nicht gefährden.

Nichtsdestotrotz befürchtete die kommunistische Führung 1948 einen politischen Mißerfolg bei der Wahl, und zwar durch eine zu große Zahl weißer Stimmzettel, die als Votum gegen die Einheitsliste und gegen das Regime verstanden werden mußten. Die kommunistischen Politiker übten im Wahlkampf auf die verschiedenste Art und Weise politischen, administrativen und sozialen Druck aus, um all diejenigen einzuschüchtern, bei denen sie die Abgabe weißer Zettel vermuteten. In der Wahlagitation erklärte man sie zu Volksverrätern, man organisierte eine sogenannte Manifestationswahl, d.h. eine nichtgeheime, öffentliche Wahl, man proklamierte sogenannte patriotische Gemeinden, in denen sich die örtlichen Funktionäre verpflichteten, dafür zu sorgen, daß alle Bürger für die Einheitsliste stimmen würden. Diejenigen, die öffentlich gegen die Einheitsliste auftraten oder in diesem Geiste auch Flugblätter herausgaben, wurden von den Sicherheitsorganen verhaftet und gerichtlich verurteilt. Allein in Prag wurden im Zusammenhang mit der Wahl mehr als 300 Personen ins Gefängnis geschickt[102].

Darüber hinaus fürchteten die Kommunisten, daß die katholische Hierarchie die Gläubigen zur Abgabe weißer Stimmzettel auffordern würde. Nach Errichtung des Machtmonopols und Unterordnung aller politischen Parteien und Organisationen unter die Kommunistische Partei sah man in der katholischen Kirche den wichtigsten organisierten Gegner. Unstimmigkeiten und Kontroversen zwischen Staat und Kirche wuchsen nach dem Februar 1948 schnell an. Die lokalen Vollzugsorgane griffen hart in das innere Leben der Kirche ein, die Zentralbehörden schränkten ihre Presse und Vereinstätigkeit ein[103]. Die führenden kirchlichen Würdenträger drückten öffentlich ihre Befürchtungen über das künftige Schicksal der Kirche und der Religion aus und verboten den Priestern jede politische Betätigung und die Mitgliedschaft in den Vollzugsorganen einschließlich des Parlaments. Die kommunistische Führung versuchte einem Konflikt mit der Kirche vor der Wahl auszuweichen und bekundete ein Interesse an Verhandlungen mit den Bischöfen. sie verlangte von den Bischöfen eine Loyalitätserklärung für die Regierung und die Zustimmung zur politischen Tätigkeit einiger Priester[104].

Die Bischofskonferenz teilte dem Vertreter der Regierung am 4. März 1948 mit, daß die Bischöfe eine Loyalitätserklärung nicht für zweckmäßig hielten, weil die katholische Kirche an keine politische oder staatliche Form gebunden sei, und beharrte auf dem Verbot der politischen Tätigkeit für Priester[105]. Vier Tage später schlug Erzbischof Beran vor, eine Kommission aus Vertretern der Kirche und der Regierung zu bilden, die die ständig zunehmenden Streitfragen zwischen beiden Seiten lösen sollte[106].

Die kommunistischen Führer nahmen an, daß die Bischöfe denjenigen Priestern eine politische Kandidatur gestatten würden, die schon seit 1945 politische Funktionen ausübten. Am 21. April teilte Erzbischof Beran jedoch den Priestern seiner Erzdiözese mit, daß er niemandem die Kandidatur erlauben werde; diejenigen, die schon eine Funktion innehatten, forderte er auf, sich schnellstens durch Laien ersetzen zu lassen. Seiner Entscheidung schlossen sich auch die übrigen Bischöfe an. Bei einer Verhandlung der Vertreter der Regierung mit dem Erzbischof wurde vereinbart, daß die Bischofskonferenz noch einmal die vielen Forderungen der Regierung behandeln werde. Am 4. Mai 1948 teilte die Bischofskonferenz Minister Alexej Čepička, der mit den kirchlichen Angelegenheiten betraut war, ihr Verbot der politischen Tätigkeit für Priester und das Verbot ihrer Kandidatur für alle staatlichen Organe mit. Noch am gleichen Tag befaßte sich das Präsidium des Zentralkomitees der KPTsch mit dem Beschluß der Bischöfe. Schlüsselfrage der Diskussion war, ob man einen Konflikt mit der Kirche gleich beginnen oder noch aufschieben solle. Man einigte sich darauf, sich mit dem jetzigen Zustand zufrieden zu geben, damit die Bischöfe nicht zur Stimmenthaltung bei der Wahl mit weißen Zetteln aufforderten: die Verhandlungen mit ihnen sollten vor allem über "materielle Dinge" fortgesetzt werden. Was die politische Kandidatur des Klerus betraf, wollte man sich auf den Priester und Minister für Gesundheitswesen Josef Plojhar (Volkspartei) beschränken[107].

Am 10. Mai kam die Kirchenkommission der Nationalen Front zusammen; die Delegation der Regierung führte Čepička, die der Kirche Bischof Trochta. Es fanden sieben Sitzungen statt, die meisten Fragen konnten gelöst werden. Am 24. Mai kam es jedoch zu einer Verschärfung des Konflikts. Plojhars Antrag, man möge ihm seine Kandidatur zum Abgeordneten gestatten, wurde von den Bischöfen mit der Bemerkung abgelehnt, man müßte ihn anderenfalls als Priester suspendieren. Čepička bezeichnete diesen Schritt der Bischöfe als einen Angriff auf die Regierung, der auf eine Intervention des Vatikans zurückgehe, und forderte die Bischöfe auf, Plojhars Kandidatur erneut zu überdenken. In einer Nachtsitzung bekräftigten die Bischöfe ihre Entscheidung. Die Nationale Front brach daraufhin alle weiteren Verhandlungen ab.

Die kirchlichen Würdenträger haben in den böhmischen Ländern das Wahlergebnis nicht beeinflußt. Dies war auch nicht ihre Absicht, und außerdem verblieb ihnen bis zum Wahltag zu wenig Zeit. Dagegen nahmen die slowakischen Bischöfe von Anfang an eine schärfere Position gegenüber der neuen Macht ein, was die Wahlergebnisse mit beeinflußte.

Die Parlamentswahlen vom Mai 1948 waren weder frei noch demokratisch. Sie brachten nicht den Willen der Bürger zum Ausdruck und spiegelten auch nicht deren politische Überzeugung wider. Die kommunistische Führung präsentierte die Wahlergebnisse als großen Erfolg und als demokratischen Vertrauensbeweis der Mehrheit der Bevölkerung gegenüber dem neuen Regime. Ebenso argumentierten auch die führenden Parteifunktionäre, und zwar nicht nur in der Öffentlichkeit, sondern auch untereinander. Dabei wurde auch eine Reihe von Umständen und Vorfällen erwähnt, die im Widerspruch zu ihrer Behauptung vom demokratischen Charakter der Wahl standen.

Mit der Bewertung der Wahlen befaßte sich am 3. Juni das Organisationssekretariat des ZK der KPTsch, am folgenden Tag das Präsidium des ZK und am Tag darauf die Sitzung der führenden

Kreissekretäre der KPTsch. Auf allen drei Sitzungen konzentrierte sich die Diskussion auf einige wenige Fragen:

1. Gegen die Einheitsliste waren ca. 25-30 % der Wähler, und zwar stimmten 10 % mit weißen Zetteln, 10 % beteiligten sich überhaupt nicht an der Wahl und 5-10 % stimmten mit ungültigen Wahlzetteln. In Wirklichkeit war die Zahl der Stimmen gegen die Einheitsliste noch größer, weil in manchen Gemeinden die Ergebnisse in Wahlkommissionen von Kommunisten korrigiert und manipuliert wurden. Nach einem Bericht von Slánský handelte es sich um Korrekturen, die sich zwischen 1 und 5 % bewegten. Dieser Bericht hat Gottwald außerordentlich verärgert. Im Präsidium des ZK reagierte er mit Nachdruck darauf: "Ich bitte Sie, über diese Korrekturen überhaupt nicht zu sprechen, auch nicht untereinander, und vor allem sollten die führenden Genossen nicht einmal den Gedanken einer möglichen Korrektur zulassen und hart dagegen auftreten".

2. Die Mitglieder der führenden Organe der Partei waren sich darin einig, daß der Wahlerfolg das Ergebnis der harten Arbeit mancher Parteifunktionäre sowie des moralischen Drucks auf die Wähler war. Dies war nicht die einzige Form von Zwang. Slánský wies auf eine Reihe von Fällen hin, bei denen Gewalt angewendet wurde, wie z.B.: "In Kladno wurde eine Pogromstimmung erzeugt, und dazu wurden alle möglichen Mittel angewandt. Die Kandidatenlisten wurden den Wählern folgendermaßen zugestellt: Die weißen Zettel brachte ein Junge in einer SS-Uniform, die Kandidatenliste der Nationalen Front ein Mädchen in Volkstracht. In Louny gaben vier Bürger weiße Zettel ab, und sogleich wurden ihre Fenster mit Hakenkreuzen bemalt ... niemand wollte mit den Leuten sprechen, die einen weißen Zettel abgaben. Im Bezirk Znojmo wurden zwei Wähler aus Brünn, die mit Wahllegitimationen abstimmten und weiße Zettel abgaben, in einen Teich geworfen. Für die Erzeugung dieser Psychose kann man unsere Genossen nur loben."

Über den Verlauf der Wahlen in der Slowakei sprach Vilian Široký: "Angst hatten wir vor allem vor dem Bischofshof. In allen Gemeinden haben wir Beratungen mit Priestern durchgeführt. Einige von ihnen beteiligten sich aktiv an unserem Wahlkampf. In den Gemeinden, in denen wir bei der Wahl 1946 keine Stimmen bekommen hatten, wurde Genosse Gottwald als Nachfolger Christi bezeichnet, und so erhielten wir 100 % der Stimmen für die Nationale Front."

3. Die kommunistische Zentrale leitete ihren Funktionären in den Wahlkommissionen eine geheime Weisung zu, "die Wahlurnen von unseren Leuten beschützen [zu lassen] ".Diese hatten die Aufgabe, jene Bürger genau zu notieren, die weiße Zettel abgaben. Die Vorsitzenden fast aller kommunistischen Ortsorganisationen erhielten entsprechende Listen: Bald nach der Wahl begann man mit diesen Wählern abzurechnen. ZK-Sekretär Josef Frank empfahl am 3. Juni, die Bestrafung der "weißen Wähler" auf einen späteren Zeitpunkt zu verschieben. Die Präsidiumsmitglieder des ZK entschieden sich für ein differenzierteres Vorgehen: Isolierung all derer, die die Stimmabgabe mit weißen Zetteln organisierten; Beseitigung der "weißen Wähler" aus Behörden, Armee und Sicherheitsdienst; die übrigen sollten für die Regierungspolitik gewonnen werden. Am nächsten Tag (5. Juni) erläuterte Slánský den Kreissekretären die Beschlüsse der kommunistischen Führung und betonte dabei die Notwendigkeit, gegen einfache "weiße Wähler" keine Repressalien vorzunehmen[108]. Die Ortsfunktionäre hatten jedoch schon mit ihrer politischen Rache begonnen, und es dauerte einige Wochen, bis sie gestoppt werden konnten. Während dieser Zeit wurden nicht nur solche "weiße Wähler" betroffen, die irgendwelche Funktionen innehatten, sondern auch viele Arbeiter, Handwerker und Bauern. Bei manchen hat der Entschluß, ihren politischen Standpunkt bei der Wahl durch die Abgabe weißer Stimmzettel zu äußern, noch lange Zeit ihre Kaderbeurteilung belastet[109].

Statistische Untersuchung der Stimmabgabe im tschechischen Landesteil

Im allgemeinen wird man den Wahlen, die in kommunistischen Ländern mit Einheitslisten stattfinden, kaum eine Bedeutung für die Beurteilung der politischen Einstellung der Bevölkerung beimessen können. Es konnte jedoch hier gezeigt werden, daß die erste Wahl dieser Art nach der kommunistischen Machtergreifung in der Tschechoslowakei einen etwas andern Charakter hatte. Auch wenn es sich hier um eine Quasiwahl handelte, bei der echte Wahlmöglichkeiten fehlten, und sie unter starkem politischem und auch polizeilichem Druck stattfand, können aus der Untersuchung des Zahlenmaterials dieser Wahl doch einige interessante Erkenntnisse gewonnen werden.

Diese Möglichkeiten hängen damit zusammen, daß anders als bei späteren Wahlen dieser Art nicht 99 % der abgegebenen Stimmen für die Einheitsliste verzeichnet wurden, sondern nur 87,1 %, da von der Gesamtheit der abgegebenen Stimmen 3,6 % für ungültig erklärt wurden und 9,3 % weiße Zettel waren. Diese weißen Stimmzettel stellten die offiziell zugelassene Form des Protestes dar. Als Proteststimmen können jedoch auch die meisten für ungültig erklärten Stimmen betrachtet werden.

Für die statistische Analyse ergab sich somit die Möglichkeit einer systematischen Verteilung sowohl der Stimmen für die Einheitsliste als auch, komplementär dazu, der Proteststimmen. Die Elemente der systematischen Verteilung der Proteststimmen können mit Hilfe der Erklärungsmerkmale, die wir schon oben verwendet haben, gesucht und geprüft und darüber hinaus noch im Zusammenhang mit dem Wahlausgang von 1946 gesehen werden (Tab. A 77 - A 91).

Bei den Zahlenergebnissen können wir allerdings den Werten der Koeffizienten keine zu große Bedeutung beimessen. Dagegen ist es sicher sinnvoll, die statistische Signifikanz der Proteststimmen mit Hilfe der in den Tabellen angegebenen t-Statistiken zu urteilen. So zeigt sich, daß vor allem Anhänger der Volkspartei und der Sozialdemokraten von der Abgabe weißer Zettel als Protestmöglichkeit Gebrauch machten, während offenbar die Stimmen von Volkssozialisten (vermutlich auch als Proteststimmen verstanden) am häufigsten für ungültig erklärt wurden.

Betrachtet man den sozialen Hintergrund dieser Quasiwahl, so fällt auf, daß die höchste Signifikanz den Proteststimmen aus der Gruppe der Selbständigen zukommt, und zwar vor allem in Böhmen. Das stimmt mit der oben festgestellten Signifikanz der Proteststimmen der bäuerlichen Bevölkerung in Böhmen gut überein, da - wie bekannt - zwischen dem Anteil der Selbständigen und dem Anteil der bäuerlichen Bevölkerung eine enge Korrelation besteht. Dieses Ergebnis wird noch bestärkt auf Grund der Signifikanz der katholischen Proteststimmen, denn die katholische Bevölkerung stellte das traditionelle Wählerpotential der Volkspartei dar.

Statistische Untersuchung der Stimmabgabe in der Slowakei

Die Einheitsliste hat in der Slowakei mit knapp 85 % einen noch niedrigeren Stimmenanteil erreicht als im tschechischen Landesteil der Republik (87 %). Ein weiterer Unterschied besteht darin, daß sich der Rest der Stimmen in der Slowakei in einem anderen Verhältnis auf weiße Zettel und ungültige Stimmen aufteilt: weiße Zettel 14 %, ungültige Stimmen etwas mehr als 1 % der insgesamt abgegebenen Stimmen (in Böhmen und Mähren-Schlesien: 9,3 % und 3,6 %). Aus diesem Grunde muß sich die Aufmerksamkeit in der Slowakei mehr auf die Analyse der Abgabe weißer Stimmzettel konzentrieren.

Was den nationalen Hintergrund der Wahl betrifft (Tab. A 104), zeigt sich, daß die weißen Zettel bei der russischen und ukrainischen Bevölkerung in der Slowakei keinen statistisch signifikanten Anteil erreicht haben (Tab. A 104). Zu demselben Ergebnis kommt man, wenn man die Wahl unter dem religiösen Aspekt betrachtet, da sich hier nämlich kein signifikanter Anteil von weißen Zetteln bei der griechisch-katholischen Bevölkerung ergibt (Tab. A 105): Griechisch-katholisch waren vorwiegend die Russen und Ukrainer in der Ostslowakei.

Bezüglich des sozialen Hintergrundes der Wahlen des Jahres 1948 sind offensichtlich keine eindeutigen Aussagen möglich (Tab. A 106).

Deutlicher scheint dagegen der Zusammenhang zwischen der Wahl von 1948 und denen von 1935 und 1946 zu sein (Tab. A 107-A 108). Im Hinblick auf die Vorkriegswahlen scheint vor allem das Protestverhalten der ehemaligen Wähler des autonomistischen Blocks signifikant zu sein. Die Wähler der Demokraten haben einerseits zum Protest mit weißen Zetteln gegriffen, andererseits wurden ihre Stimmen häufig für ungültig erklärt. Überraschend ist vielleicht der hohe Anteil weißer Zettel, der von der kommunistischen Wählerschaft des Jahres 1946 kommt: dieses Ergebnis wird durch die statistischen Werte im Sektor der Industriebevölkerung bestätigt.

5. ZUR METHODISCHEN PROBLEMATIK DER STATISTISCHEN WAHLANALYSE

Die vorliegende Untersuchung kann in die Reihe der in der empirischen Soziologie bzw. Politologie üblichen historischen Wahlanalysen eingeordnet werden[111]. Für die historischen Wahlanalysen ist es typisch, daß sie sich nur auf die Ergebnisse der amtlichen Wahl-, Wirtschafts-, Sozial- und anderer Statistiken stützen können, also ohne die bei den neueren Wahlen verfügbaren zusätzlichen Informationen und Daten (vor allem der speziell auf die Wahlen ausgerichteten demoskopischen Umfragen) auskommen müssen. Wie bei den meisten historischen Wahlanalysen handelt es sich bei der vorliegenden Untersuchung um eine - in der gängigen soziologischen Terminologie - ökologische Wahlanalyse.

Das bedeutet, daß die polytomischen Merkmale der einzelnen Wähler nicht bekannt sind, weshalb versucht wird, sie anhand der verfügbaren Daten bestimmter Regionen zu schätzen. Konkreter gesagt: Es ist z.B. bekannt, wie viele Wähler für jede der vier zugelassenen Parteien im Jahre 1946 in allen 80 Bezirken der Slowakei gestimmt haben. Außerdem existiert eine Reihe weiterer Daten, die das nationale, wirtschaftliche, religiöse usw. Profil dieser Bezirke beschreiben. Man weiß somit einerseits, daß im Bezirk X für die Demokratische (oder Kommunistische) Partei soundsoviel Stimmen abgegeben wurden, und andererseits wie groß der Anteil der bäuerlichen und nichtbäuerlichen (oder der katholischen und nichtkatholischen, oder slowakischen und nichtslowakischen usw.) Bevölkerung war. Es ist aber unbekannt, wie sich die Stimmen der Landwirte, der Industriebevölkerung (der Katholiken, der Slowaken etc.) auf die einzelnen Parteien verteilt haben. Die von den Daten her bestehende Informationslücke kann in zwei Varianten auftreten:

1. Für jeden einzelnen Wähler ist die Wahrscheinlichkeit, mit der er eine bestimmte Partei gewählt hat, bekannt: sie ist gleich dem Anteil dieser Partei an den insgesamt abgegebenen Stimmen. Es ist allerdings unbekannt, wie die vermutlich andere Wahrscheinlichkeitsverteilung der Parteipräferenzen bei den Mitgliedern verschiedener Untermengen der Wähler aussah, d.h. bei den Landwirten, Katholiken, Slowaken usw.

2. Die Gesamtmenge der Wähler verteilt sich einerseits auf die Untermengen der Wähler einzelner Parteien, andererseits auf die Untermengen nach anderen (z.B. wirtschaftlichen, nationalen, religiösen usw.) Kriterien. Gesucht werden dann die Durchschnittswerte dieser Untermengen, d.h. die vermutlich von dem Gesamtspektrum abweichende Verteilung der Stimmen für die einzelnen Parteien bei den Landwirten, Slowaken, Katholiken usw.

Auch wenn beide Fragestellungen nur Modifikationen ein und desselben Problems darstellen, haben wir uns ausschließlich für die zweite entschieden. Es geht uns nämlich nicht um den in der Soziologie viel umstrittenen Schluß von der Gruppe auf das Individuum, sondern um die Schätzung einer Reihe unbekannter Makrogrößen (Untermengen zweiter Ordnung) mit Hilfe anderer, bekannter Makrogrößen (Untermengen erster Ordnung).

Die Gefahr des berüchtigten "ökologischen Fehlschlusses" bleibt allerdings auch für die vorliegende Untersuchung bestehen; hier soll nur vermerkt werden, daß es sich um keine besondere Problematik der empirischen Soziologie handelt, sondern um allgemeine statistische Probleme, um das Problem der Stabilität der untersuchten Beziehungen über das ganze Beobachtungsfeld hinweg und um das Problem der Scheinkorrelation.

Es ist ferner notwendig, auf zwei wichtige Unterschiede zwischen den Angaben über die Wahlergebnisse und allen anderen demographischen Daten, wie z.B. der wirtschaftlichen Zugehörigkeit der Bevölkerung, hinzuweisen: Während sich die Wahldaten nur auf die Personen im Wahlalter und meistens nur auf die gültigen Stimmabgaben beziehen (diese Differenz war allerdings für diese Untersuchung wegen der Wahlpflicht nur gering), gelten die Daten der sektoralen Wirtschaftszugehörigkeit und andere Volkszählungsdaten für meistens die gesamte Bevölkerung.
Die Gegenüberstellung beider Datensätze impliziert, daß die gleiche sektoral-regionale Wirtschaftszugehörigkeit, die für die Gesamtbevölkerung gilt, auch für die Gruppe der Wähler zutrifft. Vollständig stimmt die Annahme keinesfalls, entscheidend ist jedoch, wie stark sie von der Wirklichkeit abweicht. Nach unserer Auffassung ist diese Abweichung jedenfalls nicht so stark, daß sie die Relationen der sozialwirtschaftlichen Merkmale einzelner Bezirke bedeutend verschoben hätte.

Die Modelle

Die allgemeine methodische Problematik wurde oben schon erörtert. In diesem Abschnitt sollen verschiedene Modelle der Wahlanalyse knapp dargestellt werden.

Für die für einzelnen Parteien abgegebenen Stimmen $y_1 \ldots y_n$ gelten bezüglich jedes der verschiedenen polytomischen Merkmale (x,z usw.) der Bevölkerung (z.B. sektorale Zugehörigkeit, Religion, Nationalität), die zu m Untermengen der Wähler führen, folgende n lineare Gleichungen mit jeweils m Elementen:

$$
(1)\qquad
\begin{aligned}
y_1 &= \alpha_{11}x_1 + \alpha_{12}x_2 \;.\;.\;.\;.\;.\; + \alpha_{1m}x_m \\
&\vdots \\
y_n &= \alpha_{n1}x_1 + \alpha_{n2}x_2 \;.\;.\;.\;.\;.\; + \alpha_{nm}x_m
\end{aligned}
$$

Unter der Voraussetzung, daß $\sum_{i=1}^{n} y_i = y = \sum_{j=1}^{m} x_j = x,$

stellen die Koeffizienten der Gleichungen (1) $\alpha_{11} \cdots \alpha_{nm}$ die Anteile der Wähler mit den Merkmalen $x_1 \ldots x_m$, die für die Parteien $y_1 \ldots y_n$ gestimmt haben, dar[112]. Während die Variablen $y_1 \ldots y_n$ und $x_1 \ldots x_m$ auf dem Niveau der Regionen bekannt sind,

sind die Koeffizienten $\alpha_{11} \cdots \alpha_{nm}$ sowohl auf dem Niveau der Regionen als auch auf dem Gesamtniveau unbekannt und müssen für das Gesamtniveau geschätzt werden. Zu diesem Zweck ist es notwendig, die Gleichungen (1) in die Form von Schätzgleichungen umzuformulieren:

$$
(2)\qquad
\begin{aligned}
y_1 &= \hat{\alpha}_{11}x_1 + \hat{\alpha}_{12}x_2 \;.\;.\;.\;.\;.\; + \hat{\alpha}_{1m}x_m + \hat{u}_1 \\
&\vdots \\
y_n &= \hat{\alpha}_{n1}x_1 + \hat{\alpha}_{n2}x_2 \;.\;.\;.\;.\;.\; + \hat{\alpha}_{nm}x_m + \hat{u}_m
\end{aligned}
$$

Wie in der Literatur mehrmals gezeigt wurde, gelten unter der Voraussetzung, daß die Bedingung

$$
(3)\qquad \sum_{i=1}^{n} yi = y = \sum_{j=1}^{m} xj = x
$$

eingehalten und die Gleichungen mit der gewöhnlichen Methode der kleinsten Quadrate geschätzt wurden, einige wichtige und für die Transparenz des Modells und die Interpretation der

Schätzergebnisse günstige Beziehungen, und zwar:

(4) $\alpha_{11} + \alpha_{21} \ldots\ldots + \alpha_{n1} \equiv 1$

$\alpha_{12} + \alpha_{22} \ldots\ldots + \alpha_{n2} \equiv 1$

$\alpha_{1m} + \alpha_{2m} \ldots\ldots + \alpha_{nm} \equiv 1$

d.h. die Spaltensummen der Koeffizienten addieren sich zwangsläufig zu 1 - somit wird gesichert, daß jede Untermenge $x_1 \ldots x_m$ restlos und genau in entsprechende Schnittmengen zerlegt wird. Es gilt weiter, daß

(5) $u_1 + u_2 \ldots\ldots + u_m = 0$ und schließlich, daß

(6) $$\sum_{i=1}^{n} \hat{y}i = \sum_{i=1}^{n} yi$$

d.h. die Zufallsresiduale der Schätzgleichungen addieren sich zu 0, und die Summe der Schätzwerte ist gleich der Summe der Beobachtungen der abhängigen Variablen.

Andererseits gibt es bekanntlich eine notwendige Eigenschaft der Koeffizienten $\alpha_{11} \ldots \alpha_{nm}$, die durch das Modell nicht automatisch gesichert sein kann, und zwar

(7) $0 \leqslant \alpha_{11} \ldots \alpha_{nm} \leqslant 1$

d.h. sie müssen im Intervall zwischen 0 und 1 liegen.

In der Wirklichkeit kann es jedoch vorkommen, daß die Schätzkoeffizienten kleiner als 0, d.h. negativ, oder größer als 1 werden. Erfahrungsgemäß wächst die Gefahr, daß solch problematische Koeffizienten geschätzt werden, mit dem Wachsen von n und m (Zahl der Variablen) und mit zunehmend zufälligem Charakter der Beziehungen. Meistens kommen derartige Koeffizienten bei Parteien und Erklärungsvariablen mit einem marginalen Anteil an Gesamtaggregaten vor. In der Literatur ist es umstritten, ob man das Problem durch die Einführung einer entsprechenden Nebenbedingung lösen soll. In dieser Untersuchung haben wir uns einer solchen Nebenbedingung nicht bedient. Praktisch gesehen löst sich das Problem ziemlich befriedigend in den meisten derartigen Fällen aufgrund der Signifikanzprüfung geschätzter Koeffizienten. Es kommt nämlich selten vor, daß die Koeffizienten signifikant außerhalb des 0-1 Intervalls liegen.

An dieser Stelle möchten wir das Problem der Signifikanz der Schätzkoeffizienten generell erörtern. Bei den Schätzungen des Modells wurden neben den Koeffizienten auch die Standardfehler der Gleichungen, die Standardfehler der Koeffizienten und die entsprechenden t-Statistiken der Koeffizienten ermittelt. Die Signifikanz der Schätzkoeffizienten kann mit Hilfe ihrer Standardfehler gegenüber verschiedenen Hypothesen geprüft werden. Am wichtigsten sind folgende vier Gruppen der Signifikanzprüfung jedes Koeffizienten:

a) gegenüber der Nullhypothese;

b) gegenüber den anderen Koeffizienten in der gleichen Zeile des Schätzmodells (2);

c) gegenüber den anderen Koeffizienten in der gleichen Spalte des Schätzmodells (2);

d) gegenüber dem Anteil der abhängigen Variable $y_1 \dots y_n$ an der Summe der abhängigen Variablen $\sum_{1}^{n} yi$

Bei den Schätzkoeffizienten, die außerhalb des 0-1 Bereichs liegen, besteht noch die schon oben erwähnte Frage, ob dieses Ergebnis rein statistisch gesehen signifikant ist.

Anhand des beschriebenen Modells wurden die Wahlergebnisse in den Jahren 1935, 1946 und 1948 aufgrund verschiedener Merkmale getrennt analysiert. Im weiteren wurde mit Hilfe von zwei Modellen versucht, die Wirkung von mehreren Erklärungsmerkmalen in ihrem Zusammenhang zu analysieren.

Der erste Weg besteht in der stufenweisen Erklärung der Residuale der Schätzgleichungen durch weitere vorher nicht verwendete Merkmale. Wenn Y den Vektor der abhängigen Variablen y, und X, Z, G usw. die Vektoren der Erklärungsvariablen x,z,g, und U_x, U_z, U_g die entsprechenden Vektoren der Residuale darstellen, ergibt sich folgendes Schema der Analyse:

<u>Variante A</u>

$$\begin{array}{lcl} Y & \longleftarrow & X \\ \downarrow & & \\ U_x & \longleftarrow & Z \\ \downarrow & & \\ U_z & \longleftarrow & G \\ \downarrow & & \\ U_g & & \end{array}$$

Variante B

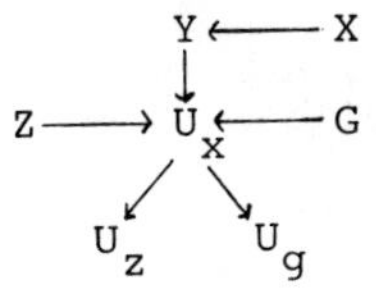

Das zweite Modell ermöglichte die gleichzeitige Einbeziehung mehrerer Erklärungsmerkmale in die Analyse. Das kann am Beispiel der zwei Merkmale x (1 ... m) und z (1 ... k) gezeigt werden:

(8)
$$y_1 = \alpha_{111}\, x_1 \frac{z_1}{x} + \alpha_{1k1}\, x_1 \frac{z_2}{x} \overset{+}{\dots} \alpha_{1km} x_m \frac{z_k}{x}$$

$$\vdots$$

$$y_n = \alpha_{n11}\, x_1 \frac{z_1}{x} + \alpha_{nk1}\, x_1 \frac{z_2}{x} \overset{+}{\dots} \alpha_{nkm} x_m \frac{z_k}{x}$$

Anmerkungen

1 Siehe auch L e m b e r g , H .: Die tschechischen Konservativen 1918-1938. In: Aktuelle Forschungsprobleme um die Erste Tschechoslowakische Republik. Hrsg. v. K. B o s l. München -Wien 1969, 120 Anm. 32.

2 P r u c h a , V. u.a.: Hospodářské dějiny Československa v 19. a 20. století [Wirtschaftsgeschichte der Tschechoslowakei im 19. und 20. Jahrhundert]. Prag 1974, Tabellenanhang.

3 "Während die letzte Wahl in die beiden Häuser der Nationalversammlung in den tschechischen Bezirken keine bedeutenden Veränderungen gebracht hat, war das Ergebnis in den deutschen Gebieten der Republik geradezu grundstürzend." Siehe:Das Ergebnis der Wahlen für das Abgeordnetenhaus in den deutschen Gemeinden. Zeitschrift für Kommunalverwaltung (Teplitz-Schönau) Nr. 16/1935 v. 20.8.1935, Spalte 373. Hier auch ausführliche Übersicht über die Wahlergebnisse in einzelnen deutschen Gemeinden.

4 Hier wie in allen anderen Zahlenangaben betrachten wir ausschließlich die Wahlen zum Abgeordnetenhaus, die Wahlen zum Senat lassen wir außer acht.

5 Die Zahl der zugeteilten Mandate im Jahre 1929 und 1935 wurde entnommen aus: Die Erste Tschechoslowakische Republik als multinationaler Parteienstaat. Hrsg. v. K. B o s l . München-Wien 1979, 560-561, Tab. II (Bad Wiesseer Tagungen des Collegium Carolinum).

6 Československá Statistika [Tschechoslowakische Statistik]. Bd. 134, Prag 1936, 22.

7 Siehe L e m b e r g , H.: Die agrarischen Parteien in den böhmischen Ländern und in der Tschechoslowakischen Republik. In: Europäische Bauernparteien im 20. Jahrhundert. Hrsg. v. H. G o l l w i t z e r , Stuttgart-New York 1977, 335. - Čapek schreibt: "Die Gewerbepartei ... erfreute sich der Hilfe und des Schutzes der mächtigen Republikanischen Partei (mit welcher sie eine gemeinsame Kandidatenliste für die Landesvertretung verband) ..." Č a p e k , E.: Po volbách v květnu 1935 [Nach den Wahlen im Mai 1935 . Nové Čechy] 18 (1935).

8 Es ging allerdings um die Stimmen der Selbständigen in der Landwirtschaft, wie Čapek darlegt: "Die tschechoslowakische Volkspartei ist vorwiegend die Partei des flachen Landes, weil sie dort 473.800 Stimmen auf sich zog, dagegen erreichte sie in den Städten nicht einmal 142.000. So sieht das vor allem in dem Land aus, wo sie das Primat behielt, nämlich in Mähren und Schlesien. Sie bekam dort auf dem früher frommen Lande 253.400, in den Städten dagegen nur 62.100. In den mährisch-schlesischen Städten ist sie schwächer als jede der beiden tschechoslowakischen sozialistischen Parteien und auch als die Kommunistische Partei." Č a p e k , E.: Lesk a bída politických stran [Glanz und Elend der politischen Parteien] . Nové Čechy 19 (1936) 169.

9 Die soziale Struktur einiger tschechischer Parteien charakterisiert Fousek: "Die Volkssozialisten sind eine Partei der Eisenbahner, Postler, Textilarbeiter, Angestellten, der kleineren und mittleren Beamten, sie sind die Partei des kleinen Mannes. Die Volkssozialisten sind die stärkste tschechische Stadtpartei, damit hängt auch ihr Antagonismus mit der Partei der Republikaner (Agrarier) zusammen. Die Volkspartei ist ein Partei vor allem des Dorfes, ähnlich wie die Agrarier, am stärksten sind sie in Mähren; der Volkspartei gehören die Landwirte in den ärmeren Gebieten an. Die Republikanische Partei (Agrarier) hat auf dem flachen Lande 71,4 % Wähler, in den Städten 28,6 % auf Grund ihrer Kooperation mit der Partei der Hausbesitzer.Die Kommunisten sind in den Städten und Dörfern gleichmäßig verteilt, und zu ihnen gehören vor allem die unteren Arbeiterkategorien." F o u s e k , F.: Československé politické strany a hospodářství [Die tschechoslowakischen politischen Parteien und die Wirtschaft], Prag 1938, 6.

10 Das Verfassungsgesetz vom 11. April 1946, Nr. 65 der Gesetzessammlung, über die Verfassungsgebende Nationalversammlung bestimmt, wer das Recht hat, sich an der Wahl zur Verfassungsgebenden Nationalversammlung zu beteiligen, wie folgt: "Das Wahlrecht zur Verfassungsgebenden Nationalversammlung haben alle Staatsbürger der Tschechoslowakischen Republik, der tschechischen, slowakischen oder anderen slawischen Nationalitäten ohne Rücksicht auf Geschlecht, die das 18. Lebensjahr überschritten haben und auch den sonstigen Bedingungen des Gesetzes über die Wahl zur Verfassungsgebenden Nationalversammlung entsprechen." Nové zákony a nařízení Československé republiky 1946 [Neue Gesetze und Verordnungen der tschechoslowakischen Republik 1946] , 8/1 (1946) 156. - Die tschechoslowakische Staatsbürgerschaft der Personen der deutschen sowie der ungarischen Nationalität wurde durch das Verfassungsdekret des Präsidenten der Republik vom 2. August 1945, Nr. 33 der Gesetzessammlung, wie folgt geregelt:
"Abs. 1: Die tschechoslowakische Staatsbürger der deutschen oder der ungarischen Nationalität, die nach den Vorschriften der fremden Okkupationsmacht die deutsche oder ungarische Staatsangehörigkeit erworben haben, haben am Tage des Erwerbs einer solchen Staatsangehörigkeit die tschechoslowakische Staatsbürgerschaft verloren.
Abs. 2: Die anderen tschechoslowakischen Staatsbürger der deutschen oder ungarischen Nationalität verlieren die tschechoslowakische Staatsbürgerschaft am Tage des Inkrafttretens dieses Dekrets.
Abs. 3: Dieses Dekret bezieht sich nicht auf die Deutschen und Ungarn, die sich in der Zeit der erhöhten Bedrohung der Republik (§ 18 des Dekrets des Präsidenten der Republik vom 19. Juni 1945, Nr. 16 der Gesetzessammlung, über die Bestrafung der nazistischen Verbrecher, Verräter und deren Helfer und über die außerordentlichen Volksgerichte) bei der amtlichen Meldung als Tschechen oder Slowaken erklärten." Nové zákony ... 7/1 (1945) 202.

Anmerkungen

11 Sbîrka zákonů a nařízení [Sammlung der Gesetze und Verordnungen] Nr. 43, 47, 48/45 Sb.

12 E b e n d a Nr. 65/46 Sb.

13 E b e n d a Nr. 28/46 Sb.

14 In Ungarn bekamen die Kommunisten 17 % der abgegebenen Stimmen, die Bauernpartei 51 %. In Österreich erreichten die Kommunisten knapp 5 % der abgegebenen Stimmen.

15 Archiv Ústředního výboru Komunistické strany Československa [Archiv des Zentralkomitees der KPTsch] , Prag - A ÚV KSČ -, Fonds 1, Sitzung v. 30.5.1946.

16 Archiv Úřadu předsednictva vlády [Archiv des Amtes des Regierungspräsidiums] , Prag - A ÚPV -, Protokolle der Regierungssitzungen, 11. und 14.12.1945.

17 A ÚV KSČ, Fonds Sozialdemokratie - Fonds SD -, Sitzung des Vorstands v. 27. und 28.10.1945.

18 G o t t w a l d , K.: Spisy [Schriften]. Bd.12. Prag 1955, 238-239.- A ÚPV, Protokolle der Regierungssitzungen, 11.1.1946.

19 A ÚPV, Fonds Nationale Front - Fonds NF -, Sitzung v. 14.2.1946.

20 E b e n d a , Sitzung v. 21.1.1946.

21 Es handelte sich um folgende Fragen: 1. der Wahltermin; 2. die Art des Parlaments (eine oder zwei Kammern); 3. der Termin für die Bekanntgabe der Wahlordnung; 4. die Regelung des Wahlrechts (direktes, gleiches und geheimes Wahlrecht); 5. ob die Wahl nach Wahlkreisen oder nach Ländern (Böhmen, Mähren-Schlesien, Slowakei) erfolgen sollte; 6. wer das Recht haben sollte, die Kandidatenliste vorzulegen.

22 A ÚPV, Fonds NF, Sitzung v. 16.1.1946.

23 E b e n d a Sitzung v. 25.1.1946.

24 E b e n d a Sitzung v. 21.2.1946.

25 Sbîrka zákonů a nařízení Nr. 67/46 Sb.

26 Archiv Ústředního výboru Československé strany socialistické [Archiv der Tschechoslowakischen Sozialistischen Partei , Prag - A CSSS -, Fonds Organe, Sitzungen des Vorstands v. 17.9.1945, 27.3. und 4.5.1946.

27 A ÚPV, Protokolle der Regierungssitzungen, 11.12.1946, geheimer Teil.

28 K a p l a n , K.: Znárodnění a socialismus [Nationalisierung und Sozialismus]. Prag 1968, 111. - Die Zahl der Mit-

glieder der Volkspartei läßt sich nicht genau bestimmen, da die Parteiführung unterschiedliche Angaben machte.

29 A ÚPV, Fonds NF, Sitzung v. 25.3.1946.

30 E b e n d a Sitzungen v. 16.1. und 25.3.1946.

31 G o t t w a l d : Spisy XII 1955, 253-254.

32 A CSSS, Fonds Organe, Sitzung des Zentralkomitees v. 6.6.1946.

33 A ÚV KSČ, Fonds SD, Sitzung des Vorstands v. 29.5.1946.

34 A CSSS, Fonds Organe, Sitzung des Zentralkomitees v. 6.6.1946. - O p a t , J.: O novou demokracii [Für eine neue Demokratie]. Prag 1966, 188.

35 A ÚV KSČ, Fonds SD, Sitzung des Vorstands v. 29.5.1946.

36 A ÚV KSČ, Fonds 01, Sitzung v. 30.5.1946. - G o t t w a l d : Spisy XIII 1958, 89.

37 Statistická příručka ČSR [Statistisches Handbuch der CSR]. Prag 1948, 105.

38 A ÚPV, Protokolle der Regierungssitzungen 17.4., 27.5. und 4.6.1946.

39 Archiv Ústavu marx-leninismu [Archiv des Instituts für Marxismus-Leninismus], Prag - A ÚML -, Fonds Volksverwaltung. - A ÚV KSČ, Fonds 01, Sitzung v. 30.5.1946.

40 A CSSS, Fonds Organe, Sitzung des Zentralkomitees v. 6.6.1946.

41 A ÚV KSČ, Fonds 01, Sitzung v. 30.5.1946.

42 A ÚPV, Protokolle der Regierungssitzungen, 27.5.1946.

43 A ÚV KSČ, Fonds 01, Sitzung v. 30.5.1946.

44 E b e n d a , Sitzung v. 22.-23.1.1947.

45 A CSSS, Fonds Organe, Sitzung des Zentralkomitees v. 6.6.1946.

46 E b e n d a .

47 A CSSS, Fonds Berichte von Kreisen; Fonds Briefe an den Vorstand.

48 A CSSS, Fonds Organe, Sitzung des Zentralkomitees v. 6.6.1946.

49 Bearbeitet auf Grund der Materialien des Staatlichen Zentralarchivs, Abteilung für Staatssicherheit, Prag.

50 Informační listy lidové strany [Informationsblätter der Volkspartei]. Jahrgang 1947, 177 und 184.

51 A ÚML, Fonds 71, Wahlen 1946.

52 A ÚV KSČ, Fonds SD, Sitzung des Vorstands v. 29.5.1946 und des Zentralkomitees v. 30.5.1946.

53 A ÚML, Fonds 71, Wahlen 1946.

54 A ÚV KSČ, Fonds SD, Sitzung des Vorstands v. 29.5.1946.

55 E b e n d a .

56 A ÚPV, Fonds NF, Sitzungen v. 12., 14. und 28.6.1946.

57 G o t t w a l d : Spisy XIII 1958, 140-183.

58 Von der Wahl wurden die Bürger der deutschen und ungarischen Nationalität ausgeschlossen, die auf Grund des Dekrets des Präsidenten der Republik Nr. 33 v. 2.8.1945 die tschechoslowakische Staatsangehörigkeit verloren hatten. Siehe Anmerkung 10.

59 Die Kommunistische Partei der Slowakei (KPS) hatte sich als eine selbständige Partei mit ihren führenden Organen auf dem Parteitag am 17.9.1944 konstituiert, wobei die Kommunisten mit einem Teil der Sozialdemokraten fusionierten und die Sozialdemokratische Partei aufgelöst wurde. Die Demokratische Partei war während des slowakischen Aufstands durch Zusammenschluß einiger Vorkriegsparteien und -gruppen entstanden. Die führende Rolle spielten dabei die ehemaligen Agrarier.

60 A CSSS, Fonds Organe, Sitzung des Präsidiums v.31.1. und 27.2.1946. - V a r t i k o v á , M.: Od Košic po Február [Von Kaschau bis zum Februar] . Preßburg 1968 ,72.

61 A ÚV KSČ, Fonds SD, Sitzung des Parteivorstands v. 5.11.1945.

62 A ÚV KSČ, Fonds O1, Sitzung v. 17./18.12.1945.

63 Ausführlicher zu diesen Verhandlungen siehe A ÚPV, Protokolle der Regierungssitzungen, 5.11.1947, Beilage. - A ÚV KSČ, Gesuch Gustáv Husáks um volle parteiliche Rehabilitierung v. 1.5.1963. - O p a t : O novou demokracii 1966. - V a r t í k o v á , M.: Roky rozhodnutia [Die Jahre der Entscheidung] , Preßburg 1962.

64 Čas [Die Zeit, Zentralorgan der Demokratischen Partei] v. 17.2.1946, 1 (Rede des Parteivorsitzenden J. Lettrich anläßlich des Arbeitsparteitags v. 15.-17.2.1946).

65 Das Abkommen wurde schon am 30.3.1946 unterzeichnet. Da es allerdings erst später bekannt wurde, wird es als April-Abkommen bezeichnet. Der Teil über die Verteilung der Stellen enthält den Grundsatz, daß in allen Parteiorganen zwischen Katholiken und Protestanten ein Verhältnis von 7 zu 3 mit Ausnahme der vorwiegend katholischen oder vorwiegend

protestantischen Bezirke eingeführt wird. P r e č a n , V.: Slovenský katolicizmus pred Februárom 1948 [Der slowakische Katholizismus vor dem Februar 1948] Preßburg 1961, 244.

66 Gründer und kurze Zeit auch Vorsitzender der Partei war der bekannte Vorkriegspolitiker Vavro Srobár, der in den Wahlen nicht einmal ein Abgeordnetenmandat errang.

67 A ÚV KSČ, Fonds SD, Vorstandssitzung v. 4.2.1946.

68 A ÚPV, Fonds NF, Sitzung v. 12.6.1946.

69 Die Enttäuschung machte sich unter der Führung der KPS schon bei den ersten Nachrichten über die Wahlergebnisse in der Nacht vom 26. auf den 27. Mai breit. A ÚV KSC, Fonds Politische Prozesse, Kommission zur Überprüfung der Prozesse gegen die sog. slowakischen bürgerlichen Nationalisten, Aussage von Edo Fris.

70 Široký führte u.a. aus: "Wenn wir ein selbständiger slowakischer Staat wären und nur in innerslowakischen und innerparteilichen Kategorien nachdenken müßten, so hätten wir am Abend des 26.5. die Wahl als verloren angesehen - und was dann? Wir müßten einen anderen Weg suchen und wir schließen bei einer theoretischen Überlegung nicht aus, daß wir am 26. den Befehl ausgegeben hätten: Auf,Partisanen!" Komunistická strana Slovenska, Dokumenty [Die Kommunistische Partei der Slowakei, Dokumente]. Preßburg 1971, 479 (Sitzung des ZK v. 31.7. und 1.8.1946).

71 E b e n d a 426-427.

72 A ÚV KSČ, Fonds 01, Sitzung v. 30.5.1946. - G o t t - w a l d : Spisy XIII 1948, 94-95.

73 B e l d a , J. / B o u č e k , M. / D e y l , Z. / K l i m e š , M.: Na rozhraní dvou epoch [Am Scheidepunkt zweier Epochen]. Prag 1968. - V a r t í k o v á : Od Kosic po Február 1968, 79-80.

74 J e c h , K.: Probuzená vesnice [Das erwachte Dorf], Prag 1963, 225-228. - J a r o š o v á , V. / J a r o š , O.: Slovenské robotníctvo v boji o moc [Die slowakische Arbeiterschaft im Kampf um die Macht], Preßburg 1965, 146-152.

75 Auf die Massenversammlungen, die die Demokratische Partei in einigen slowakischen Städten als Siegesfeiern organisierte, antworteten die Kommunisten mit einer Massendemonstration und mit einem Generalstreik in Preßburg; der Druck der Zeitung der Demokratischen Partei Cas wurde durch Streik für einige Tage verhindert. A UPV, Protokolle der Regierungssitzungen, 27.5. und 31.5.1946, geheimer Teil. - J a r o š o v á / J a r o š 1965, 159-160. O p a t : O novou demokracii 1966, 183. - V a r t í k o v á : Od Košic po Február 1968, 81-83.

76 Die slowakischen Nationalorgane waren im Bereich der Gesetzgebung der Slowakische Nationalrat und im Bereich der Exekutive das Kollegium der Beauftragten. Diese Organe sind während des slowakischen Aufstands entstanden und hatten breite Vollmachten, was im Jahre 1945 gegen den Widerstand der tschechischen Parteien vor allem von den Kommunisten befürwortet wurde.

77 A ÚPV, Fonds NF, Sitzung v. 12. (tschechische Nationale Front), 21., 24. und 27.6.1946.

78 Die staatsrechtliche Stellung und die Kompetenz der slowakischen politischen Institutionen wurden durch die sog. Prager Abkommen zwischen der Tschechoslowakischen Regierung und den Repräsentanten der slowakischen Organe bestimmt: das erste vom 2.6.1945, das zweite vom 11.4.1946 und das dritte vom 28.6.1946.

79 Die Ergänzung zum dritten Prager Abkommen wurde im November 1947 angenommen.

80 A ÚV KSČ, Fonds 02/1, Sitzungen v. 2.5. und 9.6. 1948.

81 A ÚPV, Protokolle der Regierungssitzungen, 31.5.1946.

82 A ÚPV, Fonds NF, Sitzung v. 2.7.1946.

83 A ÚPV, Die Protokolle der Regierungssitzungen, 27.5. und 31.5.1946, geheimer Teil; Fonds NF, Sitzungen v. 12., 14., 21. und 24.6.1946.

84 Komunistická strana Slovenska 1971, 500-501 (Sitzung des ZK der KPS v. 16./17.12.1946).

85 Die Regierung behandelte das Gnadengesuch von Tiso am 16.4.1947. Nach langen Diskussionen wurde mit den 17 Stimmen der Kommunisten, Sozialdemokraten und Volkssozialisten sowie der Parteilosen Svoboda und Masaryk entschieden, den Antrag abzulehnen. Für den Antrag stimmten die sechs Minister der Demokratischen und der Volkspartei. Tiso wurde am 18.April 1947 hingerichtet. A ÚPV, Protokolle der Regierungssitzungen, Geheimsitzung v. 16.4.1947.

86 A ÚV KSČ, Fonds Politische Prozesse, Bd. Geminder 5/6, Aufzeichnungen der Sitzungen der Parteiführung, 19.5.1947.

87 Ausführlicher siehe J a r o š o v á / J a r o š 1965, 228-255. - V a r t í k o v á : Od Košic po Február 1968, 145-168. - B e l d a / B o u č e k / D e y l / K l i m e š 1968, 170-184. - K a p l a n , K.: Slovenský politický katolicismus [Der slowakische politische Katholizismus]. Studie (Rom 1977) Nr. 54, 452-469. - A ÚPV, Protokolle der Regierungssitzungen, 16.9., 30.9., 8.10., 14.10. und 5.11.1947, geheime Teile; Fonds NF, Sitzungen v. 11., 17. und 18.11.1947 - A ÚV KSČ, Fonds Politische Prozesse, Bd. Geminder 5/6, Aufzeichnungen der Sitzungen der Parteiführung, 21.8., 18.9., 2.10., 29.10., 4.11., 6.11. und 13.11.

1947; Fonds 100/24, a.j. 938; Gesuch G. Husáks um volle parteiliche Rehabilitierung v. 1.5.1963.

88 Zprávy statního úřadu statistického 27 (1946) 339-341.

89 Ď u r i š , Julius: Príspěvek k dějinam KSČ [Beitrag zur Geschichte der KPTsch]. Manuskript (Kopie im Besitz von K. Kaplan).

90 A ÚV KSČ, Fonds 01, Sitzung v. 17./18.11.1947.

91 A ÚPV, Fonds NF, Sitzungen v. 21.1., 28.1. und 5.2.1948.

92 A ÚPV, Protokolle der Regierungssitzungen, 19./20.12.1947 und 13.2.1948, geheime Teile.

93 A ÚV KSČ, Fonds 02/1, Sitzung v. 22.3.1948.

94 A ÚV KSČ, Fonds 028, Beratung v. 23.3.1948.

95 A ÚV KSČ, Fonds 104, Bd. 27, S.3; Fonds 100/1, Bd. 245.

96 A ÚV KSČ, Fonds 01, Sitzung v. 9.4.1948; Fonds 028, Beratung v. 3.6.1948.

97 A ÚV KSČ, Fonds 02/1, Sitzung v. 5.4.1948.

98 A ÚV KSČ, Fonds 01, Sitzung v. 9.4.1948.

99 E b e n d a .

100 A ÚV KSČ, Fonds 02/1, Sitzung v. 5.4.1948.

101 A ÚV KSČ, Fonds 01, Sitzung v. 9.4.1948.

102 A ÚV KSČ, Fonds 02/1, Sitzung v. 4.6.1948.

103 A ÚV KSČ, Fonds 028, Beratung v. 23.3.1948.

104 A ÚV KSČ, Fonds 100/24, a.E. 865.

105 A ÚV KSČ, Fonds GS/NF, Brief von Erzbischof Beran an Minister Čepička v. 4.3.1948.

106 A ÚV KSČ, Fonds 100/24, a.E. 865.

107 A ÚV KSČ, Fonds 02/1 Sitzung v. 4.5.1948.

108 Eine Überprüfung einiger Teile dieser Aussage wird durch folgende Aufstellung ermöglicht:

Ergebnisse der Wahlen 1948

	absolut	in Prozen
1. Eingetragene Wähler in den Wahlverzeichnissen	7.998.035	100,00
2. Berechtigte Wähler nach den Wahlverzeichnissen	7.669.419	95,89
3. Abgegebene Stimmen	7.419.253	92,76
4. Gültige Stimmen	7.198.766	90,01
5. Davon für die Einheitsliste der Nationalen Front	6.424.734	80,33
6. Leere Stimmzettel (Zeile 4-5)	774.032	9,68
7. Nichtbeteiligung A (Zeile 1-2)	328.616	4,11
8. Nichtbeteiligung B (Zeile 2-3)	250.166	3,13
9. Nichtbeteiligung insgesamt (Zeile 1-3)	578.782	7,24
10. Ungültige Stimmen (Zeile 3-4)	220.487	2,75

Nichtbeteiligung A: Wähler, für die Wahlausweise ausgestellt wurden, die jedoch bei der Wahl nicht erschienen sind. Nichtbeteiligung B: Andere Wähler, die bei der Wahl nicht erschienen sind.
Berechnet nach: Zprávy Státního úřadu statistického [Nachrichten des Staatlichen statistischen Amtes] 29 (1948) Nr. 67-82. - Historická statistická ročenka ČSSR [Historisches Statistisches Jahrbuch der ČSSR]. Prag 1985, 50.

109 A ÚV KSČ, Fonds 02/1, Sitzung v. 4.6.1948; Fonds 02/3, Sitzung v. 3.6.1948; Fonds 028, Beratung v. 5.6.1948.

110 Archiv Ústrední rady odboru [Archiv des Zentralrats der Gewerkschaften], Prag, a.E. 072/502, Sitzung v. 2.6.1948.

111 Siehe P a p p i , F.U.: Aggregatdatenanalyse. In: K o o l - w i j k , J.van / W i e k e n - M a y s e r , M. (Hrsg.): Techniken der empirischen Sozialforschung, Bd. 7. München-Wien 1977 (hier auch weitere Literaturhinweise).

112 In der leicht modifizierten Form dieses Modells, die in dieser Untersuchung verwendet wurde, sind die Gleichungen um das konstante Glied o_{10} - o_{no} erweitert worden. In diesem Falle stellen die Koeffizienten o_{11} - o_{nm} die Zunahmen der Stimmen für die Parteien y_1 ... y_n pro Einheit der Zunahme der erklärenden Variablen x_1 ... x_m dar. Die Stimmenanteile der einzelnen Parteien y_1 ... y_n in einem Bezirk von durchschnittlicher Größe können unter Berücksichtigung des konstanten Gliedes der Gleichungen berechnet werden.

T A B E L L E N T E I L

Die Tabellen A 1 - A 108 stellen die Ergebnisse der statistischen Auswertung der Stimmen, die für die einzelnen Parteien abgegeben wurden, dar. Der gesamte Tabellensatz bildet die Grundlage für die Darstellung im vorangehenden Textteil und für die dort angegebenen Stimmenanteile, die die einzelnen Parteien in den verschiedenen gesellschaftlichen Gruppen erreichten.

An dieser Stelle soll noch kurz erläutert werden, auf welche Weise die Tabellen betrachtet werden können.

In jeder Tabelle wird angegeben, auf welche Partei und welche Region sich die statistische Analyse bezieht, und welcher Satz der Erklärungsvariablen dort verwendet wurde. In Tabelle A 1 wird z.B. die Stimmabgabe in den Wahlen von 1935 für die Sudetendeutsche Partei im Hinblick auf das Stimmverhalten der einzelnen Nationalitäten erklärt, die in der ersten Spalte der Tabelle angeführt sind. In der zweiten Spalte sind die statistischen Ergebnisse für alle 154 Bezirke der böhmischen Länder (Böhmen und Mähren-Schlesien) angegeben. In der oberen Hälfte dieser Spalte sind einige wichtige Werte angeführt, die sich auf die Eigenschaften der abhängigen Variablen (Mittelwert, Standardabweichung) und auf die Erklärungsstärke des Satzes der verwendeten Erklärungsvariablen (R-Quadrat - auch Determinationskoeffizient genannt, F-Statistik und Standardfehler der geschätzten Regressionsgleichung) beziehen. In der unteren Hälfte jeder Tabelle werden die Koeffizienten $\alpha_{10} \dots \alpha_{nm}$ angegeben (siehe die Erklärung der Modelle S. 84 ff.), die sich auf die Erklärungsvariablen in der ersten Spalte beziehen. In Klammern hinter den Koeffizienten stehen die t-Statistiken der Koeffizienten, die deren statistische Signifikanz darstellen. Der Wert .668 in der Zeile "Deutsche" bedeutet z.B., daß 66,8 % der Deutschen die Sudetendeutsche Partei gewählt haben. Die Sicherheit dieser Aussage ist umso größer, je höher der Wert ist, den die t-Statistik dieses Koeffizienten (in Klammern 64.4) erreicht. Wenn die t-Statistik kleiner als 1,6 ist, gilt der Koeffizient als nicht signifikant unterschiedlich von 0.

TABELLENVERZEICHNIS

Tabellenanhang A - Schätzergebnisse[x]

Tabelle Nr.	Abhängige Variable	Erklärungsvariable	hier abgedruckt
Die Wahlen in Böhmen und Mähren-Schlesien			
Jahr 1935			
A 1	Sudetendeutsche Partei	Nationale Struktur	ja
A 2	"	Soziale Struktur	nein
A 3	"	Nationale u. soziale Struktur	nein
A 4	"	Religiöse Struktur	nein
A 5	Tschechoslowakische sozialdemokratische Arbeiterpartei	Nationale Struktur	ja
A 6	"	Soziale Struktur	nein
A 7	"	Nationale und soziale Struktur	nein
A 8	"	Religiöse Struktur	nein
A 9	Tschechoslowakische Volkssozialistische Partei	Nationale Struktur	ja
A 10	"	Soziale Struktur	nein
A 11	"	Nationale u. soziale Struktur	nein
A 12	"	Religiöse Struktur	nein
A 13	Tschechoslowakische Volkspartei	Nationale Struktur	ja
A 14	"	Soziale Struktur	nein
A 15	"	Nationale u. soziale Struktur	nein
A 16	"	Religiöse Struktur	nein
A 17	Kommunistische Partei der Tschechoslowakei	Nationale Struktur	ja
A 18	"	Soziale Struktur	nein
A 19	"	Nationale u. soziale Struktur	nein
A 20	"	Religiöse Struktur	nein
A 21	Deutsche sozialdemokratische Arbeiterpartei	Nationale Struktur	ja
A 22	"	Soziale Struktur	nein

x) Der vollständige Tabellenanhang A kann bei den Autoren angefordert werden

Tabelle Nr.	Abhängige Variable	Erklärungsvariable	hier abgedruckt
A 23	Deutsche sozialdemokratische Arbeiterpartei	Nationale u. soziale Struktur	nein
A 24	"	Religiöse Struktur	nein
A 25	Deutsche christlich-soziale Volkspartei	Nationale Struktur	ja
A 26	"	Soziale Struktur	nein
A 27	"	Nationale u. soziale Struktur	nein
A 28	"	Religiöse Struktur	nein
A 29	Bund der Landwirte	Nationale Struktur	ja
A 30	"	Soziale Struktur	nein
A 31	"	Nationale u. soziale Struktur	nein
A 32	"	Religiöse Struktur	nein
A 33	Agrarpartei, Gewerbepartei, Nationale Vereinigung	Nationale Struktur	ja
A 34	"	Soziale Struktur	nein
A 35	"	Nationale u. soziale Struktur	nein
A 36	"	Religiöse Struktur	nein
A 37	Nationale faschistische Gemeinde	Nationale Struktur	ja
A 38	"	Soziale Struktur	nein
A 39	"	Nationale u. soziale Struktur	nein
A 40	"	Religiöse Struktur	nein
Jahr 1946			
A 41	Alle Parteien im tschechischen Landesteil	Wahlergebnisse 1935	ja
A 42	Alle Parteien in Böhmen	"	nein
A 43	Alle Parteien in Mähren und Schlesien	"	nein
A 44	Alle Parteien in früher nichtdeutschen Bezirken	"	nein
A 45	Alle Parteien in früher deutschen Bezirken	"	nein
A 46	Alle Parteien im tschechischen Landesteil	Nationale Struktur	ja
A 47	Alle Parteien in Böhmen	"	nein
A 48	Alle Parteien in Mähren und Schlesien	"	nein

Tabelle Nr.	Abhängige Variable	Erklärungsvariable	hier abgedruckt
A 49	Alle Parteien in früher nichtdeutschen Bezirken	Nationale Struktur	nein
A 50	Alle Parteien in früher deutschen Bezirken	"	nein
A 51	Alle Parteinen im tschechischen Landesteil	Nationale u. soziale Struktur 1930	ja
A 52	Alle Parteien in Böhmen	"	nein
A 53	Alle Parteien in Mähren und Schlesien	"	nein
A 54	Alle Parteien in früher nichtdeutschen Bezirken	"	nein
A 55	Alle Parteien in früher deutschen Bezirken	"	nein
A 56	Alle Parteien im tschechischen Landesteil	Sektorale Struktur	ja
A 57	Alle Parteien in Böhmen	"	nein
A 58	Alle Parteien in Mähren und Schlesien	"	nein
A 59	Alle Parteien in früher nichtdeutschen Bezirken	"	nein
A 60	Alle Parteien in früher deutschen Bezirken	"	nein
A 61	Alle Parteien im tschechischen Landesteil	Religiöse Struktur	ja
A 62	Alle Parteien in Böhmen	"	nein
A 63	Alle Parteien in Mähren und Schlesien	"	nein
A 64	Alle Parteien in früher nichtdeutschen Bezirken	"	nein
A 65	Alle Parteien in früher deutschen Bezirken	"	nein
A 66	Alle Parteien in den 1938 an Deutschland ganz abgetretenen Bezirken	"	nein
A 67	Kommunistische Partei der Tschechoslowakei	Soziale Struktur 1947	ja
A 68	Tschechoslowakische Volkspartei	"	nein
A 69	Tschechoslowakische Sozialdemokratie	"	nein
A 70	Tschechoslowakische volkssozialistische Partei	"	nein
A 71	Leere Zettel	"	nein

Tabelle Nr.	Abhängige Variable	Erklärungsvariable	hier abgedruckt
A 72	KPTsch (nach landwirtschaftlichen Produktionsgebieten	Sektorale Struktur	nein
A 73	Tschechoslowakische Volkspartei (nach landwirtschaftlichen Produktionsgebieten)	"	nein
A 74	Tschechoslowakische Sozialdemokratie (nach landwirtschaftlichen Produktionsgebieten)	"	nein
A 75	Tschechoslowakische volkssozialistische Partei (nach landwirtschaftlichen Produktionsgebieten)	"	nein
A 76	Leere Zettel (nach landwirtwirtschaftlichen Produktionsgebieten)	"	nein

Jahr 1948

A 77	Einheitsliste	Wahlergebnisse 1946	ja
A 78	Weiße Zettel	"	ja
A 79	Ungültige Stimmen	"	ja
A 80	Einheitsliste	Soziale Struktur	nein
A 81	Weiße Zettel	"	nein
A 82	Ungültige Stimmen	"	nein
A 83	Einheitsliste	Sektorale Struktur	nein
A 84	Weiße Zettel	"	nein
A 85	Ungültige Stimmen	"	nein
A 86	Einheitsliste	Religiöse Struktur	nein
A 87	Weiße Zettel	"	nein
A 88	Ungültige Stimmen	"	nein
A 89	Einheitsliste	Nationale Struktur	nein
A 90	Weiße Zettel	"	nein
A 91	Ungültige Stimmen	"	nein

Tabelle Nr.	Abhängige Variable	Erklärungsvariable	hier abgedruckt
Die Wahlen in der Slowakei			
Jahr 1935			
A 92	Alle Parteien in der Slowakei	Nationale Struktur	ja
A 93	Alle Parteien in slowakischen Bezirken	"	nein
A 94	Alle Parteien in madjarischen Bezirken	"	nein
A 95	Alle Parteien in slowakischen Bezirken	Soziale Struktur	nein
A 96	Alle Parteien in madjarischen Bezirken	"	nein
A 97	Alle Parteien in der Slowakei	Religiöse Struktur	ja
A 98	Alle Parteien in slowakischen Bezirken	"	nein
A 99	Alle Parteien in madjarischen Bezirken	"	nein
Jahr 1946			
A 100	Alle Parteien in der Slowakei	Wahlergebnisse 1935	ja
A 101	"	Sektorale Struktur	ja
A 102	"	Nationale Struktur	ja
A 103	"	Religiöse Struktur	ja
Jahr 1948			
A 104	Alle abgegebenen Stimmen in der Slowakei	Nationale Struktur	nein
A 105	"	Religiöse Struktur	nein
A 106	"	Sektorale Struktur	nein
A 107	"	Wahlergebnisse 1935	ja
A 108	"	Wahlergebnisse 1946	ja

Tabellenanhang B - Ausgewählte Daten nach Bezirken

Tabelle Nr.	Inhalt der Tabelle	hier abgedruckt
Böhmen und Mähren-Schlesien		
B 1	Stimmenanteile bei den Wahlen im Jahre 1946 in %	ja
B 2	Stimmenanteile bei der Abstimmung im Jahre 1948 in %	ja
B 3-1	Sektorale Struktur der anwesenden Bevölkerung im Jahre 1947 in %	ja
B 3-2	Sektorale Struktur der anwesenden Bevölkerung im Jahre 1947 in %	ja
B 4	Soziale Struktur der anwesenden Bevölkerung im Jahre 1947 in %	ja
Slowakei		
B 5	Stimmenanteile bei den Wahlen im Jahre 1946 in %	ja
B 6	Stimmenanteile bei der Abstimmung im Jahre 1948 in %	ja
B 7	Sektorale Struktur der anwesenden Bevölkerung im Jahre 1946 in %	ja

Verzeichnis der Ortsnamen

Tschechisch / Slowakisch - Deutsch

Aš	Asch
Bánovce n.B.	-
Banská Bystrica	Neusohl
Banská Štiavnica	Schemnitz
Bardejov	Bartfeld
Benešov	Beneschau
Beroun	Beraun
Bílina	Bilin
Bílovec	Wagstadt
Blatná	Blatna
Boskovice	Boskowitz
Brandýs n.L.	Brandeis a.E.
Bratislava	Preßburg
Brezno	Bries
Brno	Brünn
Broumov	Braunau
Bruntál	Freudenthal
Bytča Veľká	-
Čadca	-
Čáslav	Tschaslau
Česká Lipa	Böhm. Leipa
České Budějovice	Böhm. Budweis
Český Brod	Böhm. Brod
Český Krumlov	Böhm. Krumau
Český Těšín	Teschen
Cheb	Eger
Chomutov	Komotau
Chotěboř	Chotieborsch
Chrudim	Chrudim
Dačice	Datschitz
Děčín	Tetschen
Dobříš	Doberschisch
Dobruška	Gutenfeld
Dolný Kubín	-
Domažlice	Taus
Dubá	Dauba
Duchcov	Dux
Dunajská Streda	-
Dvůr Králové nad Labem	Königinhof an der Elbe
Falknov n. Ohří	Falkenau
Frýdlant	Friedland
Frystát	Freistadt
Galanta	-
Gelnica	Göllnitz
Giraltovce	-
Gottwaldov	- (Zlín)
Havlíčkův Brod	Deutsch Brod
Hlohovec	Freistadt
Hlučín	Hultschin
Hodonín	Göding
Holešov	Holleschau
Hořice	Horschitz
Hořovice	Horschowitz
Horšovský Týn	Bischofteinitz
Hradec Králové	Königgrätz
Hranice	Mährisch-Weißkirchen
Humenné	Homenau
Humpolec	Humpolds
Hustopeče	Auspitz
Ilava	Illau
Jablonec n.Nisou	Gablonz a.d.N.
Jablonné	Deutsch Gabel

Jáchymov	St.Joachimsthal
Jaroměř	Jermer
Jeseník	Freiwaldau
Jičín	Jitschin
Jihlava	Iglau
Jilemnice	Starkenbach
Jílové	Eule
Jindřichův Hradec	Neuhaus
Kadaň	Kaaden
Kamenice n.L.	Kamnitz a.d.Linde
Kaplice	Kaplitz
Karlovy Vary	Karlsbad
Karviná	Karwin
Kežmarok	Käsmark
Kladno	Kladno
Klatovy	Klattau
Kolín	Kolin
Komárno	Komorn
Košice	Kaschau
Kralovice	Kralowitz
Kráľovský Chlumec	-
Kralupy n.Vlt.	Kralup a.d. Moldau
Kraslice	Graslitz
Kremnica	Kremnitz
Kroměříž	Kremsier
Krnov	Jägerndorf
Krupina	Karpfen
Kutná Hora	Kuttenberg
Kyjov	Gaya
Kysucké Nové Mesto	-
Lanškroun	Landskron
Ledec n. Sázavou	Ledetsch a.d.S.
Levice	Lewentz
Levoča	Leutschau
Liberec	Reichenberg
Lipt.Sv.Mikuláš	-

Litoměřice	Leitmeritz
Litomyšl	Leitomischl
Litovel	Littau
Loket	Elbogen
Louny	Laun
Lučenec	-
Malacky	-
Mariánské Lázně	Marienbad
Martin	St.Martin
Medzilaborce	-
Mělník	Melnik
Michalovce	-
Mikulov	Nikolsburg
Milevsko	Mühlhausen
Místek	Mistek
Mladá Boleslav	Jungbunzlau
Mnichovo Hradiště	Münchengrätz
Modra	Modern
Modrý Kameň	-
Moldava n.B.	Moldau
Moravské Budějovice	Mähr.-Budwitz
Moravský Beroun	Bärn
Mor. Třebová	Mähr.-Trübau
Mor. Krumlov	Mähr.-Krumau
Most	Brüx
Myjava	-
Náchod	Nachod
Námestovo	-
Nejdek	Neudek
Německý Brod	Deutsch Brod
Nitra	Neutra
Nová Baňa	Königsberg
Nová Paka	Neupaka
Nové Město nad Metují	Neustadt a.d. Mettau
Nové Mesto nad Vahom	Neustadtl a.d. Waag
Nové Zámky	Neuhäusl

Nový Bydžov	Neu-Bidschow
Nový Jičín	Neutitschein
Nymburk	Nimburg
Olomouc	Olmütz
Opava	Troppau
Ostrava	Mähr.-Ostrau
Pardubice	Pardubitz
Parkán	-
Partizánske	Frauenmarkt
Pelhřimov	Pilgram
Piešťany	-
Písek	Pisek
Planá	Plan
Plzeň	Pilsen
Podbořany	Podersam
Poděbrady	Podĕbrad
Polička	Politschka
Poprad	Deutschendorf
Považská Bystrica	Waag-Bistritz
Prachatice	Prachatitz
Praha	Prag
Přerov	Prerau
Prešov	-
Přestice	Prestitz
Příbram	Pibrans
Prievidza	Priewitz
Prostějov	Proßnitz
Púchov	-
Rakovník	Rakonitz
Říčany	Ritschan
Rimavská Sobota	Groß-Steffelsdorf
Rokycany	Rokytzan
Revúca	Groß-Rauschenbach
Roudnice n.Labem	Raudnitz a.d.E.
Rožnava	Rosenau
Rumburk	Rumburg
Ružomberok	Rosenberg
Rychnov nad Knežnou	Reichenau a.d. Knieschna
Rýmařov	Römerstadt
Sabinov	Klein-Zeben
Šaľa	-
Šamorin	(Schütt) Sommerein
Sedlčany	Seltschan
Semily	Semil
Senica	-
Skalica	Skalitz
Slaný	Schlan
Šluknov	Schluckenau
Snina	-
Sobrance	-
Sokolov	Falkenau
Spišská Nová Ves	Zipser Neudorf
Spišská Stará Ves	Altendorf
Stará Dala	-
Stará Ľubovňa	Altlublau
Šternberk	Sternberg
Strakonice	Strakonitz
Stříbro	Mies
Stropkov	-
Šumperk	Mähr.-Schönberg
Sušice	Schüttenhofen
Svidník	-
Tábor	Tabor
Tachov	Tachau
Teplice-Šanov	Teplitz-Schönau
Tišnov	Tischnowitz
Topolčany	-
Tornaľa	-
Třebíč	Trebitsch
Trebišov	-
Třeboň	Wittingau
Trencín	Trentschin
Trnava	Tyrnau
Trstená	-
Trutnov	Trautenau

Turčianský Sv.Martin	Martin
Turnov	Turnau
Týn nad Vltavou	Moldauthein
Uherské Hradiště	Ung.-Hradisch
Uherský Brod	Ung.-Brod
Ustí nad Labem	Aussig a.d.Elbe
Ustí nad Orlicí	Wildenschwert
Valašské Meziříčí	Walachisch Meseritz
Varnsdorf	Warnsdorf
Vejprty	Weipert
Veľké Kapušany	-
Velké Meziříčí	Groß-Meseritsch
Vimperk	Winterberg
Vlašim	Wlaschim
Vrable	-
Vranov	-
Vrchlabí	Hohenelbe
Vsetin	Wsetin
Vyškov	Wischau
Vysoké Myto	Hohenmauth
Zábřeh	Hohenstadt
Žamberk	Senftenberg
Žatec	Saaz
Želiezovce	-
Žilina	Sillein
Zlaté Moravce	Goldmorawitza
Zlín (Gottwaldov)	Zlín
Žlutice	Luditz
Znojmo	Znaim
Zvolen	Altsohl

TABELLEN

ANHANG A) SCHAETZERGEBNISSE

DIE WAHLEN IN BOEHMEN, MAEHREN UND SCHLESIEN

TABELLE NR.: A1 WAHL 1935

ABHAENGIGE VARIABLE (Y): SUDETENDEUTSCHE PARTEI

REGION:	BOEHM.MAEHR.	BOEHMEN	MAEHREN-SCHL.	TSCH.BEZIRKE	DT.BEZIRKE
R-QUADRAT(ADJ)	.9642	.9814	.8887	.8227	.9529
STAND.FEHLER	2057	1631	2670	1681	2477
F-STATISTIK	1420	1941	116	163	330
MITTELWERT V.Y	7823	8349	6565	2066	19677
STAND.ABWEICH.Y	10981	12035	7884	4012	11286
KONSTANTE	-48.269 (.2)	-386.198 (1.2)	231.195 (.3)	304.067 (1.4)	-2057.734 (2.7)
TSCH.U.SLOW.	-.009 (2.3)	-.003 (.3)	.005 (.4)	-.010 (2.5)	.041 (.7)
DEUTSCHE	.668(64.4)	.690(58.1)	.596(18.5)	.613(20.8)	.708(27.2)
AND.NATION.	.054 (.8)	-.573 (.7)	.039 (.4)	.058 (1.0)	1.393 (.8)

TABELLE NR.: A5 WAHL 1935

ABHAENGIGE VARIABLE (Y): TSCH. SOZIAL-DEMOKRATISCHE ARBEITERPARTEI

REGION:	BOEHM.MAEHR.	BOEHMEN	MAEHREN-SCHL.	TSCH.BEZIRKE	DT.BEZIRKE
R-QUADRAT(ADJ)	.8770	.8992	.8721	.8639	.8780
STAND.FEHLER	2782	2700	2385	3369	622
F-STATISTIK	377	329	99	223	117
MITTELWERT V.Y	5265	4956	5910	7056	1577
STAND.ABWEICH.Y	8009	8553	6570	9176	1760
KONSTANTE	85.791 (.3)	-949.727 (1.7)	-2037.805 (3.1)	152.040 (.4)	-240.923 (1.2)
TSCH.U.SLOW.	.177(32.2)	.236(11.9)	.217(17.0)	.174(22.6)	.215(13.9)
DEUTSCHE	.017 (1.2)	.050 (2.6)	.064 (2.2)	.056 (.9)	.013 (2.0)
AND.NATION.	.098 (1.1)	-4.666 (3.3)	.136 (1.7)	.090 (.8)	.683 (1.6)

TABELLE NR.: A9 WAHL 1935

ABHAENGIGE VARIABLE (Y): TSCHECHOSLOWAKISCHE VOLKSSOZIALISTISCHE PARTEI

REGION:	BOEHM.MAEHR.	BOEHMEN	MAEHREN-SCHL.	TSCH.BEZIRKE	DT.BEZIRKE
R-QUADRAT(ADJ)	.9524	.9825	.8227	.9568	.7985
STAND.FEHLER	2025	1384	2536	2291	848
F-STATISTIK	1055	2058	68	776	65
MITTELWERT V.Y	4477	4495	4433	5933	1477
STAND.ABWEICH.Y	9372	10506	5933	11076	1869
KONSTANTE	-2492.634(10.5)	-1307.375 (4.6)	-3075.958 (4.4)	-2851.587 (9.8)	-313.987 (1.2)
TSCH.U.SLOW.	.217(54.3)	.189(18.6)	.189(13.9)	.219(41.8)	.238(11.2)
DEUTSCHE	.073 (7.2)	.040 (3.9)	.109 (3.6)	.102 (2.5)	.013 (1.4)
AND.NATION.	.091 (1.4)	2.524 (3.5)	.150 (1.8)	.091 (1.2)	-.448 (.8)

TABELLE NR.: A13 WAHL 1935

ABHAENGIGE VARIABLE (Y): TSCHECHOSLOWAKISCHE VOLKSPARTEI

REGION:	BOEHM.MAEHR.	BOEHMEN	MAEHREN-SCHL.	TSCH.BEZIRKE	DT.BEZIRKE
R-QUADRAT(ADJ)	.5901	.8329	.8378	.5061	.3462
STAND.FEHLER	2809	1345	2096	3227	597
F-STATISTIK	77	184	75	37	9
MITTELWERT V.Y	3658	2321	6855	5239	403
STAND.ABWEICH.Y	4431	3309	5127	4613	730
KONSTANTE	2182.026 (6.6)	1148.255 (4.2)	3195.675 (5.5)	2505.139 (6.1)	226.637 (1.2)
TSCH.U.SLOW.	.077(14.0)	.062 (6.2)	.153(13.6)	.065 (8.8)	.073 (4.9)
DEUTSCHE	-.053 (3.7)	-.032 (3.3)	-.100 (4.0)	.094 (1.7)	-.009 (1.4)
AND.NATION.	-.081 (.9)	.042 (.1)	-.254 (3.6)	-.109 (1.0)	-.091 (.2)

TABELLE NR.: A17 WAHL 1935

ABHAENGIGE VARIABLE (Y): KOMMUNISTICHE PARTEI DER TSCHECHOSLOWAKEI

REGION:	BOEHM.MAEHR.	BOEHMEN	MAEHREN-SCHL.	TSCH.BEZIRKE	DT.BEZIRKE
R-QUADRAT(ADJ)	.8648	.8696	.8865	.8810	.5382
STAND.FEHLER	2429	2554	1894	2716	1430
F-STATISTIK	338	246	114	260	19
MITTELWERT V.Y	3602	3495	3859	4325	2113
STAND.ABWEICH.Y	6671	7112	5537	7913	2081
KONSTANTE	-1425.629 (5.0)	-1201.282 (2.3)	-2829.384 (5.4)	-1560.145 (4.5)	-724.814 (1.6)
TSCH.U.SLOW.	.139(29.1)	.141 (7.5)	.164(16.2)	.147(23.6)	.099 (2.8)
DEUTSCHE	.077 (6.3)	.081 (4.4)	.068 (3.0)	-.014 (.3)	.081 (5.4)
AND.NATION.	.437 (5.5)	.060 .0	.467 (7.4)	.458 (5.2)	-1.656 (1.7)

TABELLE NR.: A21 WAHL 1935

ABHAENGIGE VARIABLE (Y): DT. SOZIAL-DEMOKRATISCHE ARBEITERPARTEI

REGION:	BOEHM.MAEHR.	BOEHMEN	MAEHREN-SCHL.	TSCH.BEZIRKE	DT.BEZIRKE
R-QUADRAT(ADJ)	.7654	.7620	.8044	.8608	.5506
STAND.FEHLER	1433	1561	1062	465	2433
F-STATISTIK	173	118	60	217	20
MITTELWERT V.Y	1880	1977	1649	540	4640
STAND.ABWEICH.Y	2988	3218	2365	1253	3588
KONSTANTE	-132.704 (.8)	-286.446 (.9)	-499.502 (1.7)	-54.753 (.9)	-656.896 (.9)
TSCH.U.SLOW.	.001 (.3)	.007 (.6)	.011 (2.0)	-.002 (1.7)	-.015 (.3)
DEUTSCHE	.164(22.7)	.168(14.8)	.172(13.5)	.193(23.7)	.185 (7.2)
AND.NATION.	.007 (.2)	-.609 (.7)	.006 (.2)	.004 (.3)	-1.249 (.8)

TABELLE NR.: A25 WAHL 1935

ABHAENGIGE VARIABLE (Y): DT. CHRISTL.-SOZIALE VOLKSPARTEI

REGION:	BOEHM.MAEHR.	BOEHMEN	MAEHREN-SCHL.	TSCH.BEZIRKE	DT.BEZIRKE
R-QUADRAT(ADJ)	.4336	.4738	.8219	.8479	.0614
STAND.FEHLER	1171	878	909	351	1837
F-STATISTIK	42	34	67	196	1
MITTELWERT V.Y	1043	620	1575	427	2312
STAND.ABWEICH.Y	1571	1217	2122	904	1874
KONSTANTE	257.881 (1.9)	265.770 (1.5)	130.441 (.5)	93.483 (2.1)	1311.582 (2.3)
TSCH.U.SLOW.	-.001 (.3)	-.003 (.5)	-.004 (.7)	-.004 (5.4)	.032 (.7)
DEUTSCHE	.066(11.1)	.047 (7.4)	.152(13.9)	.145(23.6)	.024 (1.2)
AND.NATION.	.018 (.5)	.203 (.4)	.000 .0	.004 (.4)	.668 (.5)

TABELLE NR.: A29 WAHL 1935

ABHAENGIGE VARIABLE (Y): BUND DER LANDWIRTE

REGION:	BOEHM.MAEHR.	BOEHMEN	MAEHREN-SCHL.	TSCH.BEZIRKE	DT.BEZIRKE
R-QUADRAT(ADJ)	.4331	.4248	.6549	.4640	.0124
STAND.FEHLER	882	924	645	496	1198
F-STATISTIK	42	28	28	31	0
MITTELWERT V.Y	911	957	800	358	2048
STAND.ABWEICH.Y	1184	1226	1081	680	1192
KONSTANTE	485.116 (4.7)	887.467 (4.7)	556.276 (3.1)	283.240 (4.5)	1760.120 (4.7)
TSCH.U.SLOW.	-.005 (2.6)	-.021 (3.1)	-.011 (3.1)	-.005 (4.5)	.029 (1.)
DEUTSCHE	.046(10.4)	.031 (4.6)	.061 (7.9)	.084 (9.7)	.002 (.2)
AND.NATION.	-.020 (.7)	1.283 (2.7)	-.022 (1.0)	-.025 (1.5)	.383 (.5)

TABELLE NR.: A33 WAHL 1935

ABHAENGIGE VARIABLE (Y): AGRARIER,GEWERBEPARTEI,NATIONALE VEREINIGUNG

REGION:	BOEHM.MAEHR.	BOEHMEN	MAEHREN-SCHL.	TSCH.BEZIRKE	DT.BEZIRKE
R-QUADRAT(ADJ)	.9584	.9879	.9031	.9584	.8546
STAND.FEHLER	3471	2168	2478	3972	738
F-STATISTIK	1214	3011	136	806	96
MITTELWERT V.Y	10736	10618	11019	14981	1998
STAND.ABWEICH.Y	17179	19856	7840	19557	1914
KONSTANTE	208.175 (.5)	1225.991 (2.8)	4012.321 (5.9)	108.157 (.2)	618.337 (2.7)
TSCH.U.SLOW.	.399(58.2)	.375(23.5)	.253(19.0)	.414(45.6)	.250(13.6)
DEUTSCHE	-.037 (2.1)	-.062 (3.9)	-.109 (3.7)	-.256 (3.7)	-.011 (1.4)
AND.NATION.	-.208 (1.8)	3.238 (2.9)	-.128 (1.5)	-.174 (1.3)	1.156 (2.3)

TABELLE NR.: A37 WAHL 1935

ABHAENGIGE VARIABLE (Y): NATIONALE FASCHISTISCHE GEMEINDE

REGION:	BOEHM.MAEHR.	BOEHMEN	MAEHREN-SCHL.	TSCH.BEZIRKE	DT.BEZIRKE
R-QUADRAT(ADJ)	.2345	.2667	.3071	.1153	.2684
STAND.FEHLER	1067	959	1228	1254	394
F-STATISTIK	18	14	7	5	6
MITTELWERT V.Y	863	792	1034	1207	156
STAND.ABWEICH.Y	1231	1125	1453	1340	455
KONSTANTE	700.192 (5.6)	603.545 (3.1)	153.907 (.5)	810.622 (5.1)	77.543 (.6)
TSCH.U.SLOW.	.013 (6.3)	.017 (2.4)	.029 (4.5)	.011 (3.9)	.038 (3.8)
DEUTSCHE	-.016 (2.9)	-.013 (1.9)	-.005 (.3)	-.005 (.2)	-.006 (1.4)
AND.NATION.	-.025 (.7)	-.501 (1.0)	-.028 (.7)	-.028 (.7)	.161 (.6)

TABELLE NR.: A41 WAHL 1946

ABHAENGIGE VARIABLE (Y): ABGEGEBENE STIMMEN IN BOEHMEN,MAEHREN UND SCHLESIEN

ERKLAERUNGSVARIABLE: WAHLERGEBNISSE 1935

POLIT. PARTEI:	KOMMUNISTEN	CHR.VOLKSP.	SOZ.DEM.P.	VOLKS-SOZ.P.	LEERZETTEL
R-QUADRAT(ADJ)	.9904	.9837	.9868	.9953	.7041
STAND.FEHLER	2042	1278	1011	1270	108
F-STATISTIK	2672	1556	1932	5494	62
MITTELWERT V.Y	14138	7121	5486	8327	124
STAND.ABWEICH.Y	20874	10004	8801	18565	198
KONSTANTE	1943.199 (6.4)	-591.090 (3.1)	-502.413 (3.4)	-849.779 (4.5)	.083 .0
KOMM.PARTEI	.806 (14.8)	-.090 (2.6)	.203 (7.5)	.068 (2.0)	.013 (4.5)
CHR.VOLKSP.	-.182 (3.6)	1.085 (33.8)	.149 (5.9)	-.056 (1.8)	.004 (1.6)
SOZ.DEM.P.	.606 (12.7)	-.029 (1.)	.483 (20.4)	-.064 (2.2)	.004 (1.7)
VOLKS-SOZ.P.	.070 (1.)	-.016 (.4)	-.023 (.7)	.972 (22.1)	-.003 (.8)
VERBOT.P-EN	.348 (10.1)	.268 (12.4)	.081 (4.8)	.302 (14.1)	.001 (.6)
DEUTSCH.P-EN	.394 (15.2)	.155 (9.6)	.215 (16.8)	.229 (14.2)	.007 (5.0)

TABELLE NR.: A46 WAHL 1946

ABHAENGIGE VARIABLE (Y): ABGEGEBENE STIMMEN IN BOEHMEN,MAEHREN UND SCHLESIEN

POLIT. PARTEI:	KOMMUNISTEN	CHR.VOLKSP.	SOZ.DEM.P.	VOLKS-SOZ.P.	LEERZETTEL
R-QUADRAT(ADJ)	.9786	.8756	.9683	.9771	.9629
STAND.FEHLER	3050	3528	1568	2809	38
F-STATISTIK	2368	364	1576	2205	1343
MITTELWERT V.Y	14138	7121	5486	8327	124
STAND.ABWEICH.Y	20874	10004	8801	18565	198
KONSTANTE	952.278 (3.0)	2138.070 (5.8)	-53.136 (.3)	-3058.024 (10.3)	20.812 (5.2)
TSCH.U.SLOW.	.358 (74.7)	.171 (30.9)	.146 (59.2)	.323 (73.2)	.002 (33.9)
DEUTSCHE	.460 (14.8)	.004 (.1)	.196 (12.2)	.337 (11.7)	.004 (9.0)
AND.NATION.	.325 (3.2)	.074 (.6)	.368 (7.1)	.185 (2.0)	.048 (38.0)

TABELLE NR.: A51 WAHL 1946

ABHAENGIGE VARIABLE (Y): ABGEGEBENE STIMMEN IN BOEHMEN,MAEHREN UND SCHLESIEN

ERKLAERUNGSVARIABLE: SOZIALE STRUKTUR NACH VOLKSZ. 1930

POLIT. PARTEI:	KOMMUNISTEN	CHR.VOLKSP.	SOZ.DEM.P.	VOLKS-SOZ.P.	LEERZETTEL
R-QUADRAT(ADJ)	.9826	.9251	.9778	.9918	.9687
STAND.FEHLER	2751	2737	1312	1677	35
F-STATISTIK	1253	274	974	2691	685
MITTELWERT V.Y	14138	7121	5486	8327	124
STAND.ABWEICH.Y	20874	10004	8801	18565	198
KONSTANTE	1329.903 (2.8)	-1216.000 (2.5)	-430.174 (1.9)	319.599 (1.1)	-3.327 (.5)
TSCH.SELBST.	.066 (1.1)	.706 (11.9)	.049 (1.7)	.174 (4.8)	.005 (6.1)
TSCH.BEAM.ANG.	.367 (9.0)	-.147 (3.6)	.086 (4.4)	.695 (27.8)	-.001 (1.2)
TSCH.ARB.	.545 (16.3)	.062 (1.9)	.256 (16.0)	.134 (6.6)	.002 (5.4)
DEUTSCH.SELBST.	.315 (1.3)	.625 (2.5)	-.059 (.5)	.120 (.8)	-.002 (.5)
DEUT.BE.ANG.	.530 (2.3)	-.247 (1.1)	.262 (2.4)	.449 (3.2)	.005 (1.6)
DEUT.ARB.	.477 (3.2)	.033 (.2)	.352 (4.9)	.130 (1.4)	.008 (4.3)
AND.NATION.	.245 (2.7)	.216 (2.4)	.334 (7.6)	.156 (2.8)	.049 (41.2)

TABELLE NR.: A56 WAHL 1946

ABHAENGIGE VARIABLE (Y): ABGEGEBENE STIMMEN IN BOEHMEN,MAEHREN UND SCHLESIEN

POLIT. PARTEI:	KOMMUNISTEN	CHR.VOLKSP.	SOZ.DEM.P.	VOLKS-SOZ.P.	LEERZETTEL
R-QUADRAT(ADJ)	.9834	.9245	.9813	.9949	.7865
STAND.FEHLER	2688	2748	1204	1325	91
F-STATISTIK	1532	317	1354	5042	96
MITTELWERT V.Y	14138	7121	5486	8327	124
STAND.ABWEICH.Y	20874	10004	8801	18565	198
KONSTANTE	1884.656 (4.5)	-2001.098 (4.7)	67.793 (.4)	33.637 (.2)	15.012 (1.0)
LANDW.-FORSTW.	.206 (4.8)	.624(14.4)	.051 (2.7)	.117 (5.6)	.003 (2.2)
IND.-GEWERBE	.370(10.4)	.204 (5.6)	.250(15.7)	.177(10.1)	.000 (.2)
BERGBAU	.487 (7.9)	.152 (2.4)	.289(10.5)	.050 (1.7)	.022(10.7)
HANDEL-GASTW.	.567 (3.6)	.078 (.5)	-.134 (1.9)	.492 (6.4)	-.003 (.6)
VERKEHR	1.286 (6.0)	-.663 (3.0)	.117 (1.2)	.250 (2.4)	.010 (1.3)
OEFF.DIENST	-.345 (1.8)	.535 (2.7)	.296 (3.4)	.502 (5.2)	.012 (1.8)

TABELLE NR.: A61 WAHL 1946

ABHAENGIGE VARIABLE (Y): ABGEGEBENE STIMMEN IN BOEHMEN,MAEHREN UND SCHLESIEN

POLIT. PARTEI:	KOMMUNISTEN	CHR.VOLKSP.	SOZ.DEM.P.	VOLKS-SOZ.P.	LEERZETTEL
R-QUADRAT(ADJ)	.9804	.9161	.9659	.9853	.7803
STAND.FEHLER	2923	2898	1625	2253	93
F-STATISTIK	1937	423	1098	2593	138
MITTELWERT V.Y	14138	7121	5486	8327	124
STAND.ABWEICH.Y	20874	10004	8801	18565	198
KONSTANTE	2150.271 (6.2)	-571.172 (1.7)	-81.330 (.4)	-1502.195 (5.7)	4.425 (.4)
KATHOLIKEN	.316(20.0)	.305(19.5)	.162(18.4)	.214(17.6)	.003 (6.0)
PROTESTANTEN	.235 (2.1)	.048 (.4)	.340 (5.4)	.340 (3.9)	.036(10.0)
TSCHECHOSL.REL.	.252 (3.3)	.080 (1.1)	.044 (1.0)	.626(10.5)	-.003 (1.0)
AND.REL-EN	.625(11.0)	-.191 (3.4)	.147 (4.7)	.422 (9.7)	-.003 (1.7)

TABELLE NR.: A67 WAHL 1946

ABHAENGIGE VARIABLE (Y): STIMMEN FUER DIE KOMMUNISTISCHE PARTEI DER TSCHECHOSLOWAKEI

ERKLAERUNGSVARIABLE:SOZ. STRUKTUR NACH VOLKSZAEHLUNG 22.5.1947

REGION:	BOEHM.MAEHR.	BOEHMEN	MAEHREN-SCHL.	TSCH.BEZIRKE	DT.BEZIRKE
R-QUADRAT(ADJ)	.9860	.9949	.9740	.9883	.9774
STAND.FEHLER	2427	1656	2154	2635	956
F-STATISTIK	2261	4348	320	1787	415
MITTELWERT V.Y	14138	14016	14431	17102	8036
STAND.ABWEICH.Y	20874	23445	13008	24568	6230
KONSTANTE	1669.642 (4.5)	643.026 (2.0)	887.587 (1.3)	1298.712 (1.9)	251.360 (1.1)
SELBSTSTAEND.	.192 (4.3)	.220 (5.3)	.270 (3.8)	.193 (3.3)	.537 (7.9)
BEAMTE	-.135 (1.8)	.007 (.1)	.176 (1.4)	-.113 (1.3)	-.659 (1.7)
ANGESTELLTE	1.860 (8.1)	.715 (3.1)	1.245 (3.1)	1.788 (7.0)	2.896 (5.2)
ARBEITER	.439 (9.6)	.775(12.2)	.512 (8.7)	.419 (8.3)	.514 (5.0)
OHNE-ANG.	-2.125 (3.0)	-1.137 (1.4)	-3.891 (3.6)	-1.665 (2.1)	-3.446 (1.8)

TABELLE NR.: A77 WAHL 1948

ABHAENGIGE VARIABLE (Y): EINHEITSLISTE

REGION:	BOEHM.MAEHR.	BOEHMEN	MAEHREN-SCHL.	TSCH.BEZIRKE	DT.BEZIRKE
R-QUADRAT(ADJ)	.9978	.9993	.9951	.9979	.9972
STAND.FEHLER	2318	1498	2288	2699	670
F-STATISTIK	14443	30371	1737	10107	3453
MITTELWERT V.Y	31513	29188	37072	37627	18924
STAND.ABWEICH.Y	50090	55948	31865	59574	12477
KONSTANTE	-623.344 (1.9)	-690.978 (2.5)	-264.382 (.4)	-1233.395 (2.6)	-177.396 (1.)
KOMM.P.46	1.160(23.5)	1.292(29.5)	1.165(13.9)	1.142(17.4)	1.142(29.9)
CHR.VOLKSP.46	.641(14.0)	.376 (6.5)	.617 (8.1)	.721(11.3)	.798(14.3)
SOZ.DEM.P.46	.345 (3.2)	.209 (2.0)	-.071 (.4)	.294 (2.2)	.700 (6.8)
VOLKS-SOZ.P.46	.894(18.8)	.995(18.6)	1.313(16.1)	.901(14.7)	.709 (7.8)
LEERZETTEL46	7.053 (4.7)	-2.491 (.5)	7.183 (4.4)	7.464 (4.2)	3.096 (.7)

TABELLE NR.: A78 WAHL 1948

ABHAENGIGE VARIABLE (Y): WEISSE ZETTEL

REGION:	BOEHM.MAEHR.	BOEHMEN	MAEHREN-SCHL.	TSCH.BEZIRKE	DT.BEZIRKE
R-QUADRAT(ADJ)	.8395	.9315	.7176	.8295	.6528
STAND.FEHLER	1787	1194	2209	2069	500
F-STATISTIK	169	303	22	104	18
MITTELWERT V.Y	3374	2771	4816	4620	810
STAND.ABWEICH.Y	4534	4606	4050	5051	833
KONSTANTE	654.619 (2.6)	540.513 (2.5)	541.835 (.8)	1163.341 (3.2)	167.022 (1.2)
KOMM.P.46	-.137 (3.6)	-.187 (5.4)	-.181 (2.2)	-.129 (2.6)	-.108 (3.8)
CHR.VOLKSP.46	.300 (8.5)	.504(11.0)	.284 (3.9)	.237 (4.9)	.165 (4.0)
SOZ.DEM.P.46	.616 (7.5)	.625 (7.3)	.949 (5.9)	.665 (6.5)	.242 (3.2)
VOLKS-SOZ.P.46	-.042 (1.1)	-.135 (3.2)	-.261 (3.3)	-.044 (.9)	.193 (2.9)
LEERZETTEL46	-4.181 (3.6)	2.964 (.7)	-4.637 (2.9)	-4.557 (3.3)	-1.613 (.5)

TABELLE NR.: A79 WAHL 1948

ABHAENGIGE VARIABLE (Y): UNGUELTIGE STIMMEN

REGION:	BOEHM.MAEHR.	BOEHMEN	MAEHREN-SCHL.	TSCH.BEZIRKE	DT.BEZIRKE
R-QUADRAT(ADJ)	.9249	.9801	.8812	.9244	.5451
STAND.FEHLER	798	483	396	955	221
F-STATISTIK	396	1092	63	259	12
MITTELWERT V.Y	1287	1309	1234	1783	265
STAND.ABWEICH.Y	2961	3457	1121	3501	322
KONSTANTE	-31.275 (.3)	150.465 (1.7)	-277.453 (2.3)	70.054 (.4)	10.375 (.2)
KOMM.P.46	-.023 (1.3)	-.105 (7.4)	.016 (1.1)	-.013 (.6)	-.034 (2.7)
CHR.VOLKSP.46	.059 (3.8)	.120 (6.4)	.099 (7.5)	.043 (1.9)	.037 (2.0)
SOZ.DEM.P.46	.038 (1.0)	.166 (4.8)	.123 (4.3)	.041 (.9)	.058 (1.7)
VOLKS-SOZ.P.46	.148 (9.1)	.141 (8.2)	-.053 (3.7)	.144 (6.6)	.098 (3.3)
LEERZETTEL46	-1.871 (3.6)	.527 (.3)	-1.546 (5.4)	-1.906 (3.0)	-.484 (.3)

DIE WAHLEN IN DER SLOWAKEI

TABELLE NR.: A92 WAHL 1935

ABHAENGIGE VARIABLE (Y): ABGEGEBENE STIMMEN IN DER SLOWAKEI (80 BEZIRKE)

PARTEI:	AUTONOMISTEN	AGRARIER	MAGYAREN	KOMMUNISTEN	SOZ.DEMOKR.	REST
R-QUADRAT(ADJ)	.7874	.2473	.9352	.6855	.7422	.7847
STAND.FEHLER	1894	1728	993	1193	837	1326
F-STATISTIK	74	7	286	44	58	73
MITTELWERT V.Y	6120	3583	2874	2633	2304	2791
STAND.ABWEICH.Y	4108	1992	3902	2127	1649	2858
KONSTANTE	1154.660 (2.0)	1193.067 (2.3)	75.476 (.3)	-534.726 (1.5)	-703.388 (2.8)	-1185.090 (3.0)
SLOW.U.TSCH.	.391(13.4)	.142 (5.3)	.010 (.6)	.134 (7.3)	.159(12.3)	.164 (8.0)
MAGYAREN	-.124 (3.2)	.096 (2.7)	.582(28.3)	.297(12.0)	.078 (4.5)	.071 (2.6)
RUSSEN	.116 (.7)	.438 (3.1)	-.020 (.2)	.118 (1.2)	.161 (2.3)	.188 (1.7)
REST	-.223 (2.4)	-.169 (2.0)	.340 (7.0)	.037 (.6)	.206 (5.0)	.809(12.5)

TABELLE NR.: A97 WAHL 1935

ABHAENGIGE VARIABLE (Y): ABGEGEBENE STIMMEN IN DER SLOWAKEI(80 BEZIRKE)

PARTEI:	AUTONOMISTEN	AGRARIER	MAGYAREN	KOMMUNISTEN	SOZ.DEMOKR.	REST
R-QUADRAT(ADJ)	.3816	.6175	.2101	.5211	.6598	.7327
STAND.FEHLER	3230	1232	3468	1472	962	1478
F-STATISTIK	13	33	6	22	39	55
MITTELWERT V.Y	6120	3583	2874	2633	2304	2791
STAND.ABWEICH.Y	4108	1992	3902	2127	1649	2858
KONSTANTE	741.827 (.7)	-151.963 (.4)	337.740 (.3)	-679.352 (1.4)	-442.021 (1.3)	193.769 (.4)
KATHOLIKEN	.407 (6.7)	.135 (5.9)	.079 (1.2)	.149 (5.4)	.126 (7.0)	.104 (3.8)
PROTESTANTEN	.040 (.4)	.378 (9.4)	.181 (1.6)	.279 (5.8)	.155 (5.0)	-.034 (.7)
GR.KATHOL.	.452 (2.1)	.762 (9.2)	-.182 (.8)	.098 (1.0)	.077 (1.2)	-.207 (2.1)
REST	-1.180 (3.4)	-.442 (3.3)	.925 (2.5)	.047 (.3)	.265 (2.6)	1.384 (8.7)

TABELLE NR.:A100 WAHL 1946

ABHAENGIGE VARIABLE (Y): ABGEGEBENE STIMMEN IN DER SLOWAKEI

ERKLAERUNGSVARIABLE:WAHLERGEBNISSE 1935

PARTEI:	DEMOKRATEN	KOMMUNISTEN	P.D.FREIHEIT	P.DER-ARBEIT	LEERE-ZETTEL
R-QUADRAT(ADJ)	.9561	.8415	.2204	.7677	.9494
STAND.FEHLER	1743	1717	904	332	33
F-STATISTIK	287	71	5	45	248
MITTELWERT V.Y	12495	6120	752	627	159
STAND.ABWEICH.Y	8314	4314	1023	689	147
KONSTANTE	94.768 (.2)	59.630 (.1)	-85.086 (.4)	-73.474 (.9)	4.163 (.5)
AUFST.BEZ.	-105.903 (.2)	1141.372 (2.0)	-734.609 (2.4)	-304.829 (2.7)	3.968 (.4)
AUTONOMISTEN	.686(13.7)	.255 (5.2)	.055 (2.1)	.003 (.4)	.000 (.5)
AGRARIER	.858(10.7)	.074 (.9)	.055 (1.3)	.008 (.5)	.004 (2.9)
KOMMUNISTEN	.159 (1.2)	.673 (5.3)	.125 (1.9)	.034 (1.4)	.009 (3.8)
SOZ.DEM.	.110 (.5)	.668 (3.4)	-.026 (.2)	.228 (5.9)	.020 (5.2)
AND.P-EN	.925(11.9)	.037 (.5)	.021 (.5)	.001 (.1)	.017(11.5)

TABELLE NR.:A101 WAHL 1946

ABHAENGIGE VARIABLE (Y): ABGEGEBENE STIMMEN IN DER SLOWAKEI

PARTEI:	DEMOKRATEN	KOMMUNISTEN	P.D.FREIHEIT	P.DER-ARBEIT	LEERE-ZETTEL
R-QUADRAT(ADJ)	.9534	.8620	.2033	.7350	.9394
STAND.FEHLER	1794	1602	913	355	36
F-STATISTIK	232	71	4	32	176
MITTELWERT V.Y	12495	6120	752	627	159
STAND.ABWEICH.Y	8314	4314	1023	689	147
KONSTANTE	-151.933 (.3)	211.312 (.5)	-85.690 (.4)	2.125 .0	24.185 (2.7)
AUFST.BEZ.	1058.941 (1.7)	7.137 .0	-647.850 (2.0)	-393.155 (3.2)	-25.073 (2.0)
LANDWIRT.BEV.	.764(17.5)	.159 (4.1)	.059 (2.6)	.015 (1.7)	.003 (3.4)
INDUSTRIEBEV.	.148 (1.6)	.769 (9.2)	.051 (1.1)	.022 (1.2)	.009 (5.0)
HANDEL-VERK.	.819 (3.1)	.059 (.2)	-.097 (.7)	.214 (4.0)	.004 (.8)
OEFF.DIENST	1.056 (1.6)	-.039 (.1)	.187 (.5)	-.224 (1.7)	.019 (1.4)
HAUSH.DIENSTE	1.073 (.4)	-.544 (.2)	-.328 (.2)	.720 (1.3)	.079 (1.4)
A.BERUFE	.552 (2.7)	.314 (1.7)	.087 (.8)	.040 (1.0)	.006 (1.5)

TABELLE NR.:A102 WAHL 1946

ABHAENGIGE VARIABLE (Y): ABGEGEBENE STIMMEN IN DER SLOWAKEI

PARTEI:	DEMOKRATEN	KOMMUNISTEN	P.D.FREIHEIT	P.DER-ARBEIT	LEERE-ZETTEL
R-QUADRAT(ADJ)	.9333	.7854	.2376	.6415	.7828
STAND.FEHLER	2147	1998	894	412	68
F-STATISTIK	370	97	9	48	96
MITTELWERT V.Y	12495	6120	752	627	159
STAND.ABWEICH.Y	8314	4314	1023	689	147
KONSTANTE	-102.344 (.2)	170.686 (.4)	156.162 (.8)	-187.966 (2.1)	-36.538 (2.5)
AUFST.BEZ.	-481.077 (.7)	1582.524 (2.6)	-723.063 (2.7)	-335.581 (2.7)	-42.803 (2.1)
SLOW.U.TSCH.	.626(32.5)	.282(15.7)	.038 (4.8)	.044(11.9)	.010(16.7)
RUSSEN	.724 (6.4)	.270 (2.6)	-.026 (.6)	.026 (1.2)	.006 (1.7)

TABELLE NR.:A103 WAHL 1946

ABHAENGIGE VARIABLE (Y): ABGEGEBENE STIMMEN IN DER SLOWAKEI

PARTEI:	DEMOKRATEN	KOMMUNISTEN	P.D.FREIHEIT	P.DER-ARBEIT	LEERE-ZETTEL
R-QUADRAT(ADJ)	.9472	.8084	.2804	.6394	.7946
STAND.FEHLER	1911	1888	868	414	66
F-STATISTIK	355	84	9	36	77
MITTELWERT V.Y	12495	6120	752	627	159
STAND.ABWEICH.Y	8314	4314	1023	689	147
KONSTANTE	-323.186 (.8)	402.878 (1.0)	142.031 (.8)	-188.007 (2.1)	-33.716 (2.3)
AUFST.BEZ.	134.902 (.2)	1135.774 (1.9)	-857.907 (3.2)	-359.496 (2.8)	-53.272 (2.6)
KATHOLIKEN	.642(34.3)	.272(14.8)	.033 (3.8)	.043(10.7)	.010(15.4)
PROTESTANTEN	.489 (9.3)	.362 (6.9)	.086 (3.6)	.050 (4.4)	.013 (6.8)
GR.KATH.	.878(12.5)	.102 (1.5)	-.014 (.4)	.030 (2.0)	.005 (2.1)

TABELLE NR.:A107 WAHL 1948

ABHAENGIGE VARIABLE (Y): ABGEGEBENE STIMMEN IN DER SLOWAKEI

PARTEI:	EINHEITSLISTE	WEISSE ZETTEL	UNG.STIMMEN
R-QUADRAT(ADJ)	.9653	.4534	.5251
STAND.FEHLER	2171	2110	196
F-STATISTIK	441	14	18
MITTELWERT V.Y	18725	3089	246
STAND.ABWEICH.Y	11661	2854	284
KONSTANTE	-712.563 (1.2)	719.262 (1.3)	-6.699 (.1)
AUTONOMISTEN	.697(12.7)	.281 (5.3)	.021 (4.3)
AGRARIER	1.072(11.2)	-.085 (.9)	.013 (1.5)
KOMMUNISTEN	1.192 (9.6)	-.188 (1.6)	-.004 (.4)
SOZ.DEM.	.663 (2.9)	.376 (1.7)	-.040 (1.9)
AND.P-EN	.945(10.8)	.012 (.1)	.043 (5.5)

TABELLE NR.:A108 WAHL 1948

ABHAENGIGE VARIABLE (Y): ABGEGEBENE STIMMEN IN DER SLOWAKEI

PARTEI:	EINHEITSLISTE	WEISSE ZETTEL	UNG.STIMMEN
R-QUADRAT(ADJ)	.9574	.3328	.5653
STAND.FEHLER	2407	2331	187
F-STATISTIK	356	9	22
MITTELWERT V.Y	18725	3089	246
STAND.ABWEICH.Y	11661	2854	284
KONSTANTE	140.630 (.2)	-75.870 (.1)	-64.760 (1.5)
DEMOKRATEN	.784(12.8)	.187 (3.1)	.030 (6.2)
KOMMUNISTEN	.725 (7.2)	.291 (3.0)	-.016 (2.0)
P.D.FREIHEIT	1.103 (4.2)	-.081 (.3)	-.022 (1.1)
P.DER-ARBEIT	1.196 (1.8)	-.045 (.1)	-.151 (3.0)
LEERZETTEL	7.201 (1.8)	-6.943 (1.8)	.742 (2.4)

Anhang B) Ausgewählte Daten nach Bezirken

Tschechischer Landesteil

Tabelle B1 - Stimmenanteil bei den Wahlen im Jahre 1946 in %

Bezirk	Kommunisten	Volkspartei	Soz.Dem. Partei	Volkssoz. Partei	Leere Zettel
1. AŠ	50.68	6.47	14.73	27.54	.57
2. BENEŠOV	35.66	21.15	16.08	26.80	.31
3. BEROUN	48.03	9.80	14.38	27.60	.19
4. BÍLINA	58.41	3.05	22.32	15.90	.32
5. BLATNÁ	37.04	24.86	21.64	16.08	.37
6. MLADÁ BOLESLAV	45.26	10.70	12.70	31.12	.21
7. BRANDÝS N/L.	43.57	16.06	15.00	25.12	.25
8. ČESKÝ BROD	44.59	13.23	17.28	24.70	.20
9. HAVL. BROD	44.91	24.10	10.67	20.09	.23
10. BROUMOV	49.17	15.68	13.74	20.99	.41
11. Č. BUDĚJOVICE	37.62	24.34	12.38	25.35	.31
12. NOVÝ BYDŽOV	39.17	19.42	14.41	26.64	.34
13. ČÁSLAV	39.68	26.62	11.58	21.89	.23
14. DĚČÍN	62.31	3.76	17.92	15.53	.49
15. DOMAŽLICE	39.81	21.12	15.95	22.76	.36
16. DUBÁ	65.20	4.00	14.44	16.16	.19
17. DUCHCOV	61.41	2.10	14.76	21.45	.28
18. DVŮR KRÁL. N/L.	39.48	12.56	11.30	36.22	.44
19. FALKNOV	57.82	6.69	19.22	15.88	.39
20. FRÝDLANT	59.89	4.70	17.25	17.95	.21
21. KUTNÁ HORA	37.53	19.48	12.76	29.91	.32
22. HOŘICE	35.83	19.27	13.88	30.65	.38
23. HOŘOVICE	45.08	15.44	20.14	19.17	.16
24. JINDŘ. HRADEC	50.80	15.59	11.33	21.95	.33
25. HR. KRÁLOVÉ	37.93	15.44	18.50	27.87	.26
26. MN. HRADIŠTĚ	45.12	10.98	8.48	35.12	.31
27. HUMPOLEC	42.25	26.86	10.04	20.51	.34
28. CHEB	54.84	7.08	16.23	21.41	.43
29. CHOMUTOV	59.88	4.20	16.69	18.91	.32
30. CHOTĚBOŘ	40.25	34.75	9.33	15.30	.37
31. CHRUDIM	36.98	23.42	20.26	19.06	.27
32. JABLONEC N/N.	45.83	7.38	16.80	29.39	.59
33. JABLONNÉ	64.40	4.98	17.07	13.28	.27
34. JÁCHYMOV	47.66	6.75	20.09	25.19	.30
35. JAROMĚŘ	37.29	15.54	17.98	28.89	.30
36. JIČÍN	36.48	18.86	11.77	32.56	.32
37. JILEMNICE	44.93	20.66	7.43	26.53	.44
38. JÍLOVÉ	52.37	10.78	12.72	23.89	.23
39. KADAŇ	62.23	4.26	18.03	15.07	.41
40. KAMENICE N/L.	47.85	25.67	5.99	20.11	.38
41. KAPLICE	55.53	13.71	14.14	16.34	.29
42. KLADNO	55.39	8.57	14.72	21.12	.20
43. KLATOVY	38.56	19.77	16.85	24.37	.45
44. KOLÍN	43.42	14.18	19.13	23.05	.22
45. KRALOVICE	44.88	13.26	22.09	19.44	.32
46. KRALUPY	54.47	10.94	14.56	19.84	.20
47. KRASLICE	50.87	8.79	16.82	23.01	.51
48. Č. KRUMLOV	42.83	22.79	17.24	16.81	.33
49. MAR. LÁZNĚ	47.02	8.80	10.59	33.19	.39
50. LEDEČ	42.37	34.09	7.47	15.69	.37
51. LIBEREC	47.29	6.47	22.17	23.57	.49
52. Č. LÍPA	60.54	4.25	14.63	20.19	.39
53. LITOMĚŘICE	54.37	6.71	16.27	22.24	.41
54. LITOMYŠL	32.94	37.04	10.15	19.45	.41

Fortsetzung

Tabelle B1 - Stimmenanteil bei den Wahlen im Jahre 1946 in %

Bezirk	Kommunisten	Volkspartei	Soz.Dem. Partei	Volkssoz. Partei	Leere Zettel
55. LOKET	53.76	5.10	20.32	19.87	.95
56. LOUNY	51.63	6.91	15.64	25.66	.17
57. MĚLNÍK	47.88	16.16	10.15	25.51	.31
58. N. MĚSTO N/MET.	31.89	33.80	11.19	22.74	.39
59. MILEVSKO	41.24	34.37	8.71	15.17	.50
60. MOST	57.79	3.11	16.76	21.87	.46
61. VYSOKÉ MÝTO	34.14	26.15	14.94	24.40	.37
62. NÁCHOD	33.20	26.75	13.43	26.24	.38
63. NEJDEK	54.29	6.12	15.86	23.33	.39
64. NYMBURK	46.89	15.30	11.04	26.51	.26
65. NOVÁ PAKA	37.87	23.58	14.05	24.21	.29
66. PARDUBICE	37.24	17.78	20.88	23.81	.29
67. PELHŘIMOV	38.61	31.60	8.19	21.33	.27
68. PÍSEK	42.09	26.00	10.40	21.20	.31
69. PLANÁ	62.28	5.18	18.70	13.52	.31
70. PLZEŇ	41.96	11.10	18.96	27.70	.27
71. PODBOŘANY	47.13	8.69	13.05	30.81	.33
72. PODĚBRADY	36.86	17.14	17.34	28.34	.31
73. POLIČKA	26.70	33.58	15.38	24.12	.22
74. PRAHA - STADT	36.02	15.86	14.54	33.32	.26
75. PRAHA - LAND	50.06	10.06	13.61	26.06	.23
76. PRACHATICE	44.12	29.77	10.52	15.27	.31
77. PŘEŠTICE	49.26	12.03	16.96	21.53	.20
78. PŘÍBRAM	44.50	24.46	10.60	20.18	.27
79. RAKOVNÍK	52.86	6.95	15.81	24.15	.23
80. ŘÍČANY	44.12	14.48	14.36	26.81	.22
81. ROKYCANY	47.47	11.50	21.93	18.85	.25
82. ROUDNICE N/L.	48.53	13.44	12.21	25.61	.21
83. RUMBURK	53.72	8.39	17.13	20.24	.52
84. RYCHNOV N/K.	39.50	23.54	14.23	22.38	.34
85. SEDLČANY	37.87	34.48	7.57	19.72	.36
86. SEMILY	42.02	16.26	12.29	29.02	.41
87. SLANÝ	58.23	6.53	12.64	22.36	.24
88. STRAKONICE	43.12	27.39	11.34	17.75	.40
89. STŘÍBRO	62.01	6.93	16.60	14.16	.31
90. SUŠICE	39.58	26.56	17.89	15.47	.50
91. ŠLUKNOV	60.35	6.65	13.61	18.90	.49
92. TÁBOR	41.74	20.49	10.58	26.95	.25
93. TACHOV	70.45	5.33	11.50	12.31	.40
94. TEPLÁ	61.44	7.25	15.37	15.81	.13
95. TEPLICE-ŠANOV	45.53	5.54	27.78	20.82	.33
96. TŘEBOŇ	41.82	22.27	13.43	22.20	.29
97. TRUTNOV	47.92	12.81	15.42	23.52	.32
98. TURNOV	35.70	16.45	13.05	34.41	.39
99. HORŠ. TÝN	55.39	10.75	16.90	16.68	.28
100. TÝN N/V.	36.06	30.25	11.47	21.94	.27
101. ÚSTÍ N/L.	55.02	4.74	20.36	19.37	.51
102. ÚSTÍ N/O.	38.31	23.82	15.26	22.35	.27
103. VARNSDORF	54.13	7.82	18.63	18.82	.61
104. KARL. VARY	43.75	9.67	18.60	27.45	.54
105. VEJPRTY	48.62	7.09	17.57	25.65	1.07
106. VLAŠIM	33.61	32.96	9.00	24.10	.33
107. VRCHLABÍ	60.05	8.38	15.66	15.55	.36
108. ŽAMBERK	35.39	26.84	18.67	18.69	.41

Fortsetzung

Tabelle B1 - Stimmenanteil bei den Wahlen im Jahre 1946 in %

Bezirk	Kommunisten	Volks-partei	Soz.Dem. Partei	Volkssoz. Partei	Leere Zettel
109. ŽATEC	45.17	8.21	21.99	24.23	.40
110. ŽLUTICE	61.37	4.72	22.28	11.10	.54
111. MOR. BEROUN	59.47	15.25	10.53	14.28	.46
112. BÍLOVEC	30.10	25.61	26.17	17.86	.26
113. BOSKOVICE	32.97	32.18	16.71	17.83	.31
114. BRNO - STADT	32.34	18.43	15.57	33.31	.34
115. BRNO - LAND	41.69	25.22	12.23	20.53	.33
116. UH. BROD	21.40	48.38	15.51	14.39	.33
117. BRUNTÁL	53.71	11.66	18.93	15.04	.66
118. MOR. BUDĚJOVICE	29.04	41.26	11.75	17.58	.38
119. DAČICE	37.22	32.67	10.98	18.73	.40
120. FRYŠTÁT	42.85	13.62	23.92	17.71	1.90
121. HLUČÍN	13.26	45.47	25.88	15.05	.34
122. HODONÍN	32.28	36.78	11.89	18.71	.35
123. HOLEŠOV	23.32	38.51	18.13	19.76	.28
124. UH. HRADIŠTĚ	33.67	37.40	14.38	14.24	.32
125. HRANICE	29.73	32.55	17.54	19.75	.42
126. HUSTOPEČE	23.43	40.15	13.08	23.00	.34
127. JESENÍK	50.96	11.39	17.22	20.11	.33
128. NOVÝ JIČÍN	31.89	29.70	21.09	17.00	.32
129. JIHLAVA	41.92	26.34	14.30	17.19	.25
130. KRNOV	56.73	7.63	16.29	18.79	.55
131. KROMĚŘÍŽ	31.38	32.02	15.25	21.09	.27
132. MOR. KRUMLOV	39.12	35.73	6.77	17.86	.52
133. KYJOV	27.58	38.94	15.55	17.64	.29
134. LITOVEL	31.43	37.47	15.95	14.88	.27
135. N. MĚSTO NA MOR.	29.95	41.54	9.77	18.35	.38
136. VAL. MEZIŘÍČÍ	27.21	35.12	19.51	17.83	.33
137. VEL. MEZIŘÍČÍ	32.93	42.92	8.82	14.92	.42
138. MIKULOV	50.05	21.09	11.06	17.59	.21
139. OLOMOUC - STADT	29.82	20.08	21.16	28.55	.39
140. OLOMOUC - LAND	35.93	27.58	18.73	17.46	.30
141. OPAVA	24.09	34.08	17.19	24.22	.42
142. OSTRAVA	40.60	17.70	20.91	20.48	.32
143. PŘEROV	34.31	25.11	16.22	23.98	.37
144. PROSTĚJOV	26.53	23.88	24.90	24.41	.29
145. RÝMAŘOV	62.55	11.56	16.39	9.12	.38
146. ŠTERNBERK	41.26	20.85	16.14	21.41	.35
147. ŠUMPERK	41.91	20.16	20.61	16.84	.48
148. Č. TĚŠÍN	33.73	17.21	22.20	24.66	2.19
149. TIŠNOV	31.55	32.70	18.75	16.69	.31
150. TŘEBÍČ	36.88	33.46	11.73	17.62	.31
151. MOR. TŘEBOVÁ	42.09	24.95	14.54	18.05	.38
152. VSETÍN	34.22	25.59	21.64	18.19	.37
153. VYŠKOV	32.84	30.67	13.45	22.76	.29
154. ZÁBŘEH	34.25	33.16	14.91	17.29	.39
155. ZLÍN (GOTTWALDOV)	36.02	22.96	15.10	25.69	.23
156. ZNOJMO	46.77	21.68	14.80	16.33	.41

Tabelle B2 - Stimmenanteile bei der Abstimmung im Jahr 1948 in %

Bezirk	Einheits-liste	Weiße Zettel	Ungültige Stimmen
1. AŠ	96.56	2.92	.52
2. BENEŠOV	86.97	8.88	4.15
3. BEROUN	94.62	3.27	2.11
4. BÍLINA	98.48	1.14	.38
5. BLATNÁ	76.82	18.25	4.93
6. MLADÁ BOLESLAV	90.18	6.23	3.59
7. BRANDÝS N/L.	90.57	6.47	2.96
8. ČESKÝ BROD	90.43	6.43	3.13
9. HAVL. BROD	85.15	9.84	5.00
10. BROUMOV	84.91	10.15	4.94
11. Č. BUDĚJOVICE	91.18	6.09	2.73
12. NOVÝ BYDŽOV	85.96	6.54	7.50
13. ČÁSLAV	85.28	9.97	4.75
14. DĚČÍN	97.61	1.63	.76
15. DOMAŽLICE	85.33	10.19	4.47
16. DUBA	98.49	1.09	.42
17. DUCHCOV	97.59	1.77	.63
18. DVŮR KRÁL. N/L.	79.42	9.82	10.75
19. FALKNOV	97.52	2.09	.40
20. FRÝDLANT	96.60	2.44	.95
21. KUTNÁ HORA	81.21	12.28	6.51
22. HOŘICE	83.57	11.21	5.23
23. HOŘOVICE	92.42	4.05	3.53
24. JINDŘ. HRADEC	93.90	3.64	2.46
25. HR. KRÁLOVÉ	81.87	10.10	8.03
26. MN. HRADIŠTĚ	77.18	16.27	6.55
27. HUMPOLEC	90.61	5.69	3.70
28. CHEB	93.79	4.87	1.34
29. CHOMUTOV	96.63	2.66	.70
30. CHOTĚBOŘ	76.97	15.77	7.25
31. CHRUDIM	73.61	22.50	3.89
32. JABLONEC N/N.	89.75	5.98	4.27
33. JABLONNÉ	97.53	1.87	.60
34. JÁCHYMOV	88.58	10.16	1.26
35. JAROMĚŘ	83.88	10.36	5.76
36. JIČÍN	79.83	12.90	7.27
37. JILEMNICE	81.74	12.12	6.13
38. JÍLOVÉ	94.12	3.23	2.65
39. KADAŇ	97.69	1.83	.47
40. KAMENICE N/L.	94.45	2.51	3.04
41. KAPLICE	96.38	2.82	.79
42. KLADNO	98.91	.57	.52
43. KLATOVY	81.34	12.17	6.48
44. KOLÍN	86.66	9.24	4.10
45. KRALOVICE	80.04	16.24	3.72
46. KRALUPY	99.40	.34	.26
47. KRASLICE	96.91	2.51	.58
48. Č. KRUMLOV	91.97	6.47	1.56
49. MAR. LÁZNĚ	94.27	4.89	.84
50. LEDEČ	89.51	7.14	3.35
51. LIBEREC	92.76	5.20	2.04
52. Č. LÍPA	96.26	2.64	1.10
53. LITOMĚŘICE	97.93	1.61	.46
54. LITOMYŠL	75.80	18.84	5.36

Fortsetzung

Tabelle B2 - Stimmenanteile bei der Abstimmung im Jahr 1948 in %

Bezirk	Einheits-liste	Weiße Zettel	Ungültige Stimmen
55. LOKET	97.04	2.28	.68
56. LOUNY	99.77	.12	.12
57. MĚLNÍK	91.55	4.80	3.65
58. N. MĚSTO N/MET.	68.88	24.18	6.94
59. MILEVSKO	79.02	17.37	3.60
60. MOST	98.25	1.28	.47
61. VYSOKÉ MÝTO	68.73	24.75	6.52
62. NÁCHOD	73.24	16.97	9.79
63. NEJDEK	97.57	2.19	.25
64. NYMBURK	89.68	6.51	3.82
65. NOVÁ PAKA	77.65	14.29	8.05
66. PARDUBICE	80.68	13.79	5.54
67. PELHŘIMOV	76.46	17.92	5.62
68. PÍSEK	84.40	11.49	4.11
69. PLANÁ	93.52	5.08	1.41
70. PLZEŇ	84.16	10.30	5.54
71. PODBOŘANY	92.69	6.29	1.02
72. PODĚBRADY	86.86	9.89	3.25
73. POLIČKA	69.69	24.13	6.17
74. PRAHA - STADT	88.10	6.54	5.35
75. PRAHA - LAND	95.75	2.68	1.57
76. PRACHATICE	84.49	12.14	3.37
77. PŘEŠTICE	83.95	10.54	5.51
78. PŘÍBRAM	91.23	4.97	3.80
79. RAKOVNÍK	98.80	.74	.45
80. ŘÍČANY	84.70	10.58	4.72
81. ROKYCANY	83.53	11.15	5.32
82. ROUDNICE N/L.	99.67	.15	.19
83. RUMBURK	99.09	.82	.09
84. RYCHNOV N/K.	73.25	19.32	7.44
85. SEDLČANY	80.74	15.67	3.59
86. SEMILY	80.87	12.28	6.85
87. SLANÝ	99.23	.47	.30
88. STRAKONICE	78.82	16.85	4.33
89. STŘÍBRO	97.05	1.89	1.06
90. SUŠICE	64.52	29.06	6.42
91. ŠLUKNOV	98.00	1.57	.43
92. TÁBOR	83.24	11.20	5.56
93. TACHOV	96.40	3.15	.45
94. TEPLÁ	93.93	5.46	.61
95. TEPLICE-ŠANOV	91.28	6.52	2.20
96. TŘEBOŇ	90.91	5.89	3.20
97. TRUTNOV	86.84	8.66	4.49
98. TURNOV	79.94	14.28	5.78
99. HORŠ. TÝN	90.56	6.40	3.04
100. TÝN N/V.	75.72	20.24	4.05
101. ÚSTÍ N/L.	95.59	3.48	.93
102. ÚSTÍ N/O.	76.72	18.19	5.09
103. VARNSDORF	97.26	1.76	.98
104. KARL. VARY	89.59	8.20	2.21
105. VEJPRTY	93.41	4.93	1.65
106. VLAŠIM	71.95	23.71	4.34
107. VRCHLABÍ	96.59	1.97	1.44
108. ŽAMBERK	68.53	27.21	4.26

Fortsetzung

Tabelle B2 - Stimmenanteile bei der Abstimmung im Jahr 1948 in %

Bezirk	Einheits-liste	Weiße Zettel	Ungültige Stimmen
109. ŽATEC	99.01	.75	.24
110. ŽLUTICE	97.31	2.22	.47
111. MOR. BEROUN	95.31	4.23	.46
112. BÍLOVEC	73.78	22.60	3.62
113. BOSKOVICE	85.99	10.05	3.96
114. BRNO - STADT	95.36	3.02	1.62
115. BRNO - LAND	92.74	4.80	2.46
116. UH. BROD	72.60	23.34	4.06
117. BRUNTÁL	94.99	4.47	.54
118. MOR. BUDĚJOVICE	86.26	9.05	4.69
119. DAČICE	88.02	8.47	3.50
120. FRYŠTÁT	95.30	4.26	.44
121. HLUČÍN	81.99	15.47	2.54
122. HODONÍN	84.14	11.02	4.85
123. HOLEŠOV	68.20	28.52	3.29
124. UH. HRADIŠTĚ	86.70	9.56	3.74
125. HRANICE	77.24	18.65	4.11
126. HUSTOPEČE	86.28	11.32	2.40
127. JESENÍK	96.49	2.98	.53
128. NOVÝ JIČÍN	73.63	23.29	3.08
129. JIHLAVA	91.50	5.09	3.42
130. KRNOV	97.82	1.78	.41
131. KROMĚŘÍŽ	83.67	12.11	4.22
132. MOR. KRUMLOV	91.75	5.38	2.87
133. KYJOV	77.12	17.82	5.06
134. LITOVEL	86.50	9.97	3.53
135. N. MĚSTO NA MOR.	86.87	9.34	3.79
136. VAL. MEZIŘÍČÍ	65.66	30.26	4.08
137. VEL. MEZIŘÍČÍ	94.19	3.47	2.33
138. MIKULOV	96.56	3.04	.40
139. OLOMOUC - STADT	81.66	16.29	2.05
140. OLOMOUC - LAND	86.61	10.49	2.89
141. OPAVA	78.25	18.98	2.77
142. OSTRAVA	84.89	11.79	3.31
143. PŘEROV	73.65	23.35	3.00
144. PROSTĚJOV	84.65	9.83	5.52
145. RÝMAŘOV	97.34	2.38	.28
146. ŠTERNBERK	90.96	6.93	2.12
147. ŠUMPERK	87.09	10.59	2.32
148. Č. TĚŠÍN	91.36	8.09	.55
149. TIŠNOV	83.53	13.30	3.17
150. TŘEBÍČ	88.80	7.70	3.50
151. MOR. TŘEBOVÁ	88.11	9.91	1.97
152. VSETÍN	70.80	26.72	2.48
153. VYŠKOV	83.90	11.43	4.67
154. ZÁBŘEH	79.09	16.80	4.11
155. ZLÍN (GOTTWALDOV)	85.40	12.60	2.01
156. ZNOJMO	98.46	.76	.78

Tabelle B3-1 Sektorale Struktur der anwesenden Bevölkerung am 22.5.1947 in %

Bezirk	Landwirt.	Forstw.	Bergbau	Industrie u. Handw.	Handel	Geldwesen
1. AŠ	5.90	.45	.21	68.44	4.47	.60
2. BENEŠOV	29.98	1.17	.51	28.99	4.33	.85
3. BEROUN	9.93	.41	4.04	38.83	5.00	.87
4. BÍLINA	19.10	.32	33.33	21.22	3.33	.46
5. BLATNÁ	43.45	2.22	2.69	20.69	3.74	.46
6. MLADÁ BOLESLAV	19.09	.34	.15	39.23	4.71	.91
7. BRANDÝS N/L.	15.41	.49	.23	43.75	6.15	.96
8. ČESKÝ BROD	24.11	1.07	1.17	33.26	5.23	1.03
9. HAVL. BROD	30.37	.63	.80	28.21	4.96	.71
10. BROUMOV	22.67	1.84	1.86	43.90	4.09	.68
11. Č. BUDĚJOVICE	16.87	1.02	1.17	32.52	5.61	.85
12. NOVÝ BYDŽOV	38.06	.61	.10	26.16	4.95	.59
13. ČÁSLAV	36.91	.72	.55	27.13	4.30	.48
14. DĚČÍN	10.51	.79	.19	52.55	5.29	.81
15. DOMAŽLICE	29.48	2.08	.50	29.03	4.27	.75
16. DUBA	44.94	1.92	.59	23.26	4.50	.56
17. DUCHCOV	4.46	.61	37.06	28.62	3.72	.36
18. DVŮR KRÁL. N/L.	18.69	.59	.23	47.19	4.87	.78
19. FALKNOV	6.68	.49	34.65	30.10	2.49	.48
20. FRÝDLANT	24.49	1.92	.30	46.94	3.83	.59
21. KUTNÁ HORA	31.05	.82	.72	28.15	4.88	.63
22. HOŘICE	30.10	.74	.70	28.25	5.36	.78
23. HOŘOVICE	13.80	1.20	1.06	40.37	3.77	.55
24. JINDŘ. HRADEC	35.00	2.66	.34	27.99	4.58	.66
25. HR. KRÁLOVÉ	15.67	.31	.11	35.74	6.26	1.18
26. MN. HRADIŠTĚ	31.19	.91	.14	31.93	4.58	.59
27. HUMPOLEC	38.30	.85	2.35	28.35	4.55	.54
28. CHEB	18.58	.37	2.54	37.32	4.93	.77
29. CHOMUTOV	11.91	.71	17.13	39.41	4.19	.59
30. CHOTĚBOŘ	39.35	1.31	.20	32.05	3.79	.44
31. CHRUDIM	24.00	1.08	3.05	37.56	4.55	.70
32. JABLONEC N/N.	2.73	.35	.11	65.82	8.62	.71
33. JABLONNÉ	31.60	1.67	.23	39.16	3.41	.57
34. JÁCHYMOV	10.20	1.21	38.81	22.25	2.32	.46
35. JAROMĚŘ	22.12	.28	.11	33.42	4.86	.71
36. JIČÍN	33.00	.81	.34	24.47	4.59	.65
37. JILEMNICE	19.45	1.30	.27	46.05	4.24	.91
38. JÍLOVÉ	21.57	1.21	2.48	38.16	4.55	.69
39. KADAŇ	34.68	.79	4.06	34.21	3.98	.50
40. KAMENICE N/L.	40.33	1.21	.13	26.79	4.41	.42
41. KAPLICE	41.59	4.61	.25	26.10	3.11	.40
42. KLADNO	7.50	.43	6.80	46.55	5.29	1.01
43. KLATOVY	35.17	1.37	.80	25.60	4.40	.55
44. KOLÍN	21.88	.24	.25	39.22	5.44	1.06
45. KRALOVICE	38.02	1.93	1.23	28.87	3.62	.49
46. KRALUPY	18.41	.09	.77	37.94	6.10	.92
47. KRASLICE	5.88	.96	2.68	66.11	4.09	.82
48. Č. KRUMLOV	25.20	3.19	.37	28.45	3.00	.44
49. MAR. LÁZNĚ	15.53	2.69	.07	26.14	7.12	.98
50. LEDEČ	42.86	1.00	3.14	25.99	3.60	.38
51. LIBEREC	6.40	.56	.39	48.59	7.73	2.04
52. Č. LÍPA	17.44	1.02	.54	44.14	4.69	.72
53. LITOMĚŘICE	30.35	.46	.66	29.51	5.27	.56
54. LITOMYŠL	43.75	1.36	1.15	22.73	3.82	.46

Fortsetzung

Tabelle B3-1 Sektorale Struktur der anwesenden Bevölkerung am 22.5.1947 in %

Bezirk	Landwirt.	Forstw.	Bergbau	Industrie u. Handw.	Handel	Geldwesen
55. LOKET	8.04	.63	28.89	43.59	2.85	.31
56. LOUNY	24.39	.68	.89	28.69	4.88	.71
57. MĚLNÍK	30.59	.42	.11	31.13	5.60	.76
58. N. MĚSTO N/MET.	33.50	1.11	.16	32.62	4.51	.61
59. MILEVSKO	48.76	1.77	.32	17.52	3.53	.60
60. MOST	5.33	.53	29.82	35.57	3.88	.54
61. VYSOKÉ MÝTO	27.21	.61	2.53	29.47	4.26	.69
62. NÁCHOD	11.72	.35	.72	48.36	7.14	.96
63. NEJDEK	4.34	3.22	3.31	66.47	3.23	.53
64. NYMBURK	22.38	.26	.08	31.42	4.71	.75
65. NOVÁ PAKA	20.60	.33	.15	37.99	5.78	.85
66. PARDUBICE	18.57	.52	.52	39.45	5.35	.90
67. PELHŘIMOV	46.20	.78	.70	21.91	4.19	.52
68. PÍSEK	33.61	1.78	.85	22.58	4.52	.72
69. PLANÁ	55.03	4.57	1.38	16.40	3.75	.26
70. PLZEŇ	6.43	.35	.81	45.77	6.68	.88
71. PODBOŘANY	54.19	1.02	2.38	19.32	4.01	.48
72. PODĚBRADY	28.65	.45	.25	29.45	5.95	.84
73. POLIČKA	35.22	.80	.14	31.97	3.49	.54
74. PRAHA - STADT	.71	.05	.27	34.64	11.32	3.92
75. PRAHA - LAND	9.21	.20	.55	44.32	7.07	1.59
76. PRACHATICE	35.85	3.87	1.25	26.22	3.64	.53
77. PŘEŠTICE	34.09	1.01	2.18	29.62	3.99	.44
78. PŘÍBRAM	23.55	1.96	10.06	23.21	5.05	.52
79. RAKOVNÍK	20.09	3.70	6.65	28.70	4.68	.40
80. ŘÍČANY	13.22	.12	.31	37.99	6.69	1.74
81. ROKYCANY	14.99	1.91	2.81	40.95	4.55	.56
82. ROUDNICE N/L.	25.29	.22	.21	37.34	6.05	.72
83. RUMBURK	6.07	.76	.05	58.49	5.58	1.14
84. RYCHNOV N/K.	23.67	.95	.44	39.11	5.21	.66
85. SEDLČANY	49.81	.79	1.78	18.08	3.76	.43
86. SEMILY	14.98	.20	.53	49.81	5.33	.71
87. SLANÝ	15.13	1.06	16.34	29.74	4.52	.54
88. STRAKONICE	39.80	.52	.60	29.17	3.43	.52
89. STŘÍBRO	27.09	.67	13.01	29.82	3.58	.40
90. SUŠICE	32.21	4.00	.58	32.03	3.84	.53
91. ŠLUKNOV	12.32	.45	.90	64.11	3.66	.76
92. TÁBOR	32.00	.79	.34	27.09	4.59	.66
93. TACHOV	49.11	6.05	.12	20.71	4.31	.37
94. TEPLÁ	49.78	3.01	1.91	17.08	3.58	.48
95. TEPLICE-ŠANOV	3.72	.45	10.17	48.93	6.10	.88
96. TŘEBOŇ	27.61	6.12	.37	26.30	3.81	.55
97. TRUTNOV	12.66	.91	7.20	44.76	4.67	.97
98. TURNOV	25.16	.52	.65	31.78	5.71	.73
99. HORŠ. TÝN	42.02	2.69	2.18	24.59	3.97	.45
100. TÝN, N/V.	46.56	1.56	.43	19.36	4.16	.67
101. ÚSTÍ N/L.	6.97	.18	5.83	48.77	5.59	.81
102. ÚSTÍ N/O.	19.92	.71	.33	43.16	4.08	.60
103. VARNSDORF	5.14	.51	.12	68.46	4.31	.83
104. KARL. VARY	6.83	.72	4.85	40.08	8.39	1.39
105. VEJPRTY	6.32	4.83	.48	63.08	4.34	.90
106. VLAŠIM	41.87	.84	.33	28.25	4.62	.42
107. VRCHLABÍ	12.09	1.78	.31	52.77	3.85	.74
108. ŽAMBERK	30.05	1.11	.85	30.47	4.14	.58

Fortsetzung

Tabelle B3-1 Sektorale Struktur der anwesenden Bevölkerung am 22.5.1947 in %

Bezirk	Landwirt.	Forstw.	Bergbau	Industrie u.Handw.	Handel	Geldwesen
109. ŽATEC	36.06	.30	.94	24.23	6.79	.88
110. ŽLUTICE	61.44	2.07	.47	17.17	3.73	.51
111. MOR. BEROUN	21.64	1.24	.28	14.55	8.71	1.24
112. BÍLOVEC	15.13	1.21	3.28	48.14	3.08	.38
113. BOSKOVICE	20.01	1.67	.98	46.51	3.66	.49
114. BRNO - STADT	1.51	.09	.26	38.51	8.41	3.13
115. BRNO - LAND	10.73	1.03	5.48	42.93	4.42	1.00
116. UH. BROD	38.50	1.93	.73	30.06	4.10	.42
117. BRUNTÁL	28.48	4.28	1.79	39.83	3.76	.49
118. MOR. BUDĚJOVICE	42.03	2.59	.27	22.79	4.52	.64
119. DAČICE	43.20	2.07	1.52	24.02	3.96	.50
120. FRYŠTÁT	3.06	.17	38.80	21.87	3.12	.25
121. HLUČÍN	11.73	.96	15.71	37.61	2.57	.17
122. HODONÍN	28.23	1.31	4.75	28.33	3.76	.38
123. HOLEŠOV	29.48	1.61	.20	38.04	4.16	.45
124. UH. HRADIŠTĚ	23.89	1.05	.57	38.41	4.12	.41
125. HRANICE	27.92	1.04	1.33	27.18	4.07	.36
126. HUSTOPEČE	41.84	.68	.51	26.85	3.73	.27
127. JESENÍK	27.48	5.97	4.72	31.39	4.03	.79
128. NOVÝ JIČÍN	18.40	.33	1.47	50.52	3.40	.42
129. JIHLAVA	22.24	1.02	.28	34.95	5.06	.68
130. KRNOV	25.18	2.31	.55	38.87	4.14	.60
131. KROMĚŘÍŽ	28.34	.64	.30	31.79	4.16	.48
132. MOR. KRUMLOV	50.75	1.70	.65	22.02	3.33	.30
133. KYJOV	31.31	.92	4.74	30.16	3.66	.34
134. LITOVEL	31.38	1.38	.84	34.93	4.19	.44
135. N. MĚSTO NA MOR.	40.89	1.79	.35	26.72	4.24	.44
136. VAL. MEZIŘÍČÍ	24.35	2.53	.71	33.34	4.33	.49
137. VEL. MEZIŘÍČÍ	41.67	1.48	.81	26.56	3.95	.54
138. MIKULOV	54.88	.43	.25	18.69	3.24	.27
139. OLOMOUC - STADT	2.14	.18	.34	28.49	8.23	1.90
140. OLOMOUC - LAND	21.64	.52	.74	40.18	4.24	.26
141. OPAVA	22.33	.92	1.16	36.23	5.00	.70
142. OSTRAVA	4.62	1.12	13.47	42.66	5.11	.71
143. PŘEROV	21.09	.16	.34	34.42	4.61	.67
144. PROSTĚJOV	14.22	.31	.51	49.23	5.93	.78
145. RÝMAŘOV	32.13	4.29	.59	43.74	2.90	.59
146. ŠTERNBERK	32.46	1.29	1.24	31.50	3.85	.40
147. ŠUMPERK	20.13	2.48	.64	39.93	4.58	.88
148. Č. TĚŠÍN	12.34	2.41	8.03	41.84	3.18	.24
149. TIŠNOV	21.93	1.81	.40	41.60	4.29	.74
150. TŘEBÍČ	25.96	1.51	1.33	35.99	5.00	.61
151. MOR. TŘEBOVÁ	30.72	1.10	2.73	36.55	3.99	.50
152. VSETÍN	25.27	3.40	.23	43.83	3.31	.41
153. VYŠKOV	22.58	.89	1.15	39.35	4.29	.58
154. ZÁBŘEH	28.16	1.26	.62	39.52	3.84	.51
155. ZLÍN (GOTTWALDOV)	14.34	.48	.07	59.75	5.47	.45
156. ZNOJMO	41.26	1.03	.51	24.03	4.71	.46

Tabelle B3-2 Sektorale Struktur der anwesenden Bevölkerung am 22.5.1947 in %

Bezirk	Verkehr	Freie Berufe	Geldwesen	ohne Erwerbstätigkeit	ohne Angabe	Anw.Bevölkerung insg.(Personen)
1. AŠ	3.86	.19	2.22	8.46	3.94	19582.
2. BENEŠOV	7.40	.26	2.24	7.28	15.97	38657.
3. BEROUN	9.12	.29	2.24	8.71	19.18	34998.
4. BÍLINA	4.21	.21	1.64	4.75	10.74	28500.
5. BLATNÁ	3.42	.15	1.75	4.38	15.96	34661.
6. MLADÁ BOLESLAV	3.92	.45	2.08	13.22	14.63	77915.
7. BRANDÝS N/L.	6.21	.34	2.23	7.54	15.52	52515.
8. ČESKÝ BROD	7.47	.33	2.46	6.81	15.37	47318.
9. HAVL. BROD	7.85	.20	1.75	8.53	15.00	46798.
10. BROUMOV	5.29	.10	2.29	7.27	8.98	31802.
11. Č. BUDĚJOVICE	7.79	.43	2.46	11.56	18.05	105976.
12. NOVÝ BYDŽOV	4.98	.21	2.14	5.30	15.49	43861.
13. ČÁSLAV	4.36	.18	1.82	6.58	15.75	49890.
14. DĚČÍN	12.83	.28	2.20	7.31	5.71	80936.
15. DOMAŽLICE	5.38	.22	2.38	7.84	16.38	32912.
16. DUBÁ	5.57	.47	2.56	6.76	7.72	18110.
17. DUCHCOV	6.09	.38	1.49	5.26	10.86	31198.
18. DVŮR KRÁL. N/L.	3.03	.25	2.13	5.92	14.90	26841.
19. FALKNOV	5.98	.11	1.27	13.10	3.69	38622.
20. FRÝDLANT	4.32	.11	2.16	8.31	5.27	23660.
21. KUTNÁ HORA	4.26	.32	2.11	7.51	18.22	49357.
22. HOŘICE	3.74	.29	2.24	6.57	20.05	20249.
23. HOŘOVICE	9.30	.16	1.80	9.35	17.57	34369.
24. JINDŘ. HRADEC	3.34	.19	1.89	8.30	13.54	34927.
25. HR. KRÁLOVÉ	8.56	.43	2.49	11.97	15.65	86741.
26. MN. HRADIŠTĚ	5.20	.31	2.23	5.69	16.27	31223.
27. HUMPOLEC	2.68	.12	1.67	5.61	13.78	21477.
28. CHEB	12.81	.26	3.31	13.50	3.69	34588.
29. CHOMUTOV	10.09	.28	1.81	6.72	5.78	59709.
30. CHOTĚBOŘ	2.58	.20	1.46	4.50	13.13	35614.
31. CHRUDIM	3.93	.21	1.93	6.95	14.78	76995.
32. JABLONEC N/N.	4.51	.40	2.35	6.72	6.58	59880.
33. JABLONNÉ	5.15	.22	2.23	7.38	6.37	15537.
34. JÁCHYMOV	2.96	.09	2.15	13.17	3.90	10119.
35. JAROMĚŘ	5.60	.36	2.38	13.41	15.38	27415.
36. JIČÍN	4.35	.35	2.16	8.45	19.42	55577.
37. JILEMNICE	3.20	.18	2.54	6.20	14.14	27949.
38. JÍLOVÉ	4.39	.31	2.63	6.39	16.33	21560.
39. KADAŇ	5.45	.29	1.90	7.75	5.30	22221.
40. KAMENICE N/L.	3.22	.10	1.58	5.02	15.67	26211.
41. KAPLICE	4.61	.10	1.99	9.34	6.71	19723.
42. KLADNO	5.56	.44	1.97	6.64	16.53	77265.
43. KLATOVY	5.40	.30	2.33	8.51	14.42	54816.
44. KOLÍN	6.97	.33	2.11	6.54	14.86	69355.
45. KRALOVICE	3.63	.17	1.51	4.56	14.81	26004.
46. KRALUPY	11.64	.29	1.87	5.08	15.79	31440.
47. KRASLICE	3.48	.13	1.93	7.24	5.48	12300.
48. Č. KRUMLOV	3.13	.08	1.67	23.46	9.99	35927.
49. MAR. LÁZNĚ	6.82	.84	8.17	23.08	6.55	16147.
50. LEDEČ	2.89	.13	1.60	3.74	13.56	39279.
51. LIBEREC	8.66	.93	2.65	11.67	8.82	88914.
52. Č. LÍPA	8.20	.43	2.16	14.20	5.38	52388.
53. LITOMĚŘICE	7.48	.25	2.25	13.40	8.50	64690.
54. LITOMYŠL	4.70	.14	1.87	5.25	13.52	33944.

Fortsetzung

Tabelle B3-2 Sektorale Struktur der anwesenden Bevölkerung am 22.5.1947 in %

Bezirk	Verkehr	Freie Berufe	Geldwesen	ohne Erwerbstätigkeit	ohne Amgabe	Anw.Bevölk. insg.(Pers.)
55. LOKET	3.44	.14	1.41	5.49	4.28	19254.
56. LOUNY	10.94	.27	1.79	6.77	18.66	37389.
57. MĚLNÍK	6.70	.47	2.17	5.75	15.10	41131.
58. N. MĚSTO N/MET.	3.34	.24	1.92	6.40	14.53	35887.
59. MILEVSKO	3.35	.14	1.76	5.37	15.93	28962.
60. MOST	6.69	.37	1.76	5.64	8.59	86456.
61. VYSOKÉ MÝTO	8.54	.22	1.93	6.78	16.54	56001.
62. NÁCHOD	3.90	.38	2.38	5.99	17.01	50400.
63. NEJDEK	3.90	.24	1.61	7.82	4.25	13276.
64. NYMBURK	14.34	.15	2.09	5.80	16.90	30488.
65. NOVÁ PAKA	5.68	.32	2.66	6.14	18.32	23101.
66. PARDUBICE	7.49	.32	2.18	9.00	14.23	108178.
67. PELHŘIMOV	3.01	.13	1.48	5.80	14.26	39028.
68. PÍSEK	4.62	.28	2.02	8.24	19.43	64995.
69. PLANÁ	4.24	.08	1.56	6.36	5.08	15881.
70. PLZEŇ	8.25	.70	2.17	9.44	17.41	168944.
71. PODBOŘANY	4.13	.14	1.47	5.09	6.70	26996.
72. PODĚBRADY	6.72	.48	2.55	7.00	16.48	48285.
73. POLIČKA	3.15	.10	1.77	8.52	13.19	23492.
74. PRAHA - STADT	8.02	1.91	4.52	17.57	15.81	922284.
75. PRAHA - LAND	8.48	.70	2.21	9.49	14.90	150376.
76. PRACHATICE	4.40	.28	2.12	7.94	12.49	39170.
77. PŘEŠTICE	5.25	.27	1.50	4.39	15.95	36677.
78. PŘÍBRAM	4.90	.17	1.90	7.14	19.94	47369.
79. RAKOVNÍK	9.47	.22	1.90	5.41	17.49	44258.
80. ŘÍČANY	12.13	.55	2.31	7.91	15.83	46578.
81. ROKYCANY	4.11	.15	1.69	10.05	16.82	52863.
82. ROUDNICE N/L.	4.67	.29	2.29	6.28	15.37	44726.
83. RUMBURK	7.38	.84	2.64	9.54	5.88	15317.
84. RYCHNOV N/K.	4.51	.27	2.19	5.84	15.73	45914.
85. SEDLČANY	3.90	.11	1.64	4.30	14.24	39187.
86. SEMILY	4.01	.24	2.18	4.82	16.18	45065.
87. SLANÝ	4.86	.24	1.95	5.69	18.72	72936.
88. STRAKONICE	3.99	.23	1.86	4.86	13.84	58914.
89. STŘÍBRO	4.16	.14	1.44	6.69	11.95	54892.
90. SUŠICE	2.86	.30	2.17	7.10	12.90	29829.
91. ŠLUKNOV	2.99	.14	1.75	7.03	4.77	24698.
92. TÁBOR	7.25	.26	2.04	8.27	15.73	71637.
93. TACHOV	3.36	.08	1.29	8.17	5.29	16092.
94. TEPLÁ	4.12	.19	1.87	12.17	4.83	10755.
95. TEPLICE-ŠANOV	6.29	.66	2.88	8.26	9.78	71743.
96. TŘEBOŇ	9.44	.15	1.88	6.14	16.41	43537.
97. TRUTNOV	6.55	.20	3.24	7.97	9.66	54721.
98. TURNOV	6.67	.26	2.72	7.16	17.32	36609.
99. HORŠ. TÝN	4.44	.11	1.45	6.21	10.60	25164.
100. TÝN N/V.	2.52	.16	1.30	7.01	14.81	12918.
101. ÚSTÍ N/L.	14.01	.49	2.19	7.22	6.44	92869.
102. ÚSTÍ N/O.	7.60	.16	1.93	5.59	14.72	50876.
103. VARNSDORF	4.03	.23	2.41	7.42	5.51	22815.
104. KARL. VARY	8.70	1.02	5.83	13.83	6.37	47223.
105. VEJPRTY	4.92	.28	1.97	7.66	4.17	9925.
106. VLAŠIM	3.04	.07	1.84	4.57	13.16	21114.
107. VRCHLABÍ	4.50	.20	4.26	8.18	9.78	30487.
108. ŽAMBERK	6.65	.17	2.21	9.80	12.44	34363.

Fortsetzung

Tabelle B3-2 Sektorale Struktur der anwesenden Bevölkerung am 22.5.1947 in %

Bezirk	Verkehr	Freie Berufe	Geldwesen	ohne Erwerbs-tätigk.	ohne Angabe	Anw.Bevölk. insg.(Pers.)
109. ŽATEC	10.86	.35	2.03	8.54	7.46	33451.
110. ŽLUTICE	2.73	.25	1.47	4.64	4.53	13023.
111. MOR. BEROUN	6.72	.36	3.07	11.95	28.18	18422.
112. BILOVEC	6.78	.18	1.33	4.50	14.97	37988.
113. BOSKOVICE	3.13	.15	1.76	4.84	15.56	82249.
114. BRNO - STADT	7.49	1.24	3.06	16.92	17.87	273127.
115. BRNO - LAND	7.52	.21	1.46	6.31	17.65	95169.
116. UH. BROD	3.17	.14	1.72	6.04	11.06	78341.
117. BRUNTÁL	3.89	.15	2.33	8.02	5.51	26252.
118. MOR. BUDĚJOVICE	3.49	.19	1.59	6.20	14.62	35507.
119. DAČICE	3.16	.10	1.54	5.77	13.14	38482.
120. FRYŠTÁT	6.63	.20	1.37	4.78	18.31	127689.
121. HLUČÍN	2.00	.11	1.10	4.25	20.18	47437.
122. HODONÍN	9.31	.26	1.51	6.18	14.64	101612.
123. HOLEŠOV	3.30	.17	1.91	5.86	13.82	49103.
124. UH. HRADIŠTĚ	6.10	.27	1.80	6.36	14.75	104395.
125. HRANICE	5.80	.29	2.04	14.04	14.08	55453.
126. HUSTOPEČE	6.07	.14	1.32	4.99	12.41	69194.
127. JESENÍK	5.00	.12	2.51	10.59	5.56	36302.
128. NOVÝ JIČÍN	4.36	.20	1.64	6.21	11.73	70349.
129. JIHLAVA	7.59	.44	1.78	9.58	15.34	54956.
130. KRNOV	7.93	.19	2.18	9.93	6.55	34522.
131. KROMĚŘÍŽ	4.20	.23	1.97	10.41	16.09	60138.
132. MOR. KRUMLOV	2.64	.14	1.41	4.89	11.27	37686.
133. KYJOV	4.15	.16	1.27	5.26	15.87	51664.
134. LITOVEL	4.52	.21	1.98	5.50	13.46	38239.
135. N. MĚSTO NA MOR.	3.42	.13	1.51	4.97	14.36	47366.
136. VAL. MEZIŘÍČÍ	6.75	.20	2.01	7.06	16.13	46009.
137. VEL. MEZIŘÍČÍ	2.39	.10	1.12	5.15	15.43	37414.
138. MIKULOV	3.32	.14	1.55	8.80	6.90	37662.
139. OLOMOUC - STADT	11.23	1.70	3.39	25.27	15.37	58617.
140. OLOMOUC - LAND	6.80	.21	1.80	9.10	13.32	53917.
141. OPAVA	5.90	.67	1.80	10.23	12.86	82638.
142. OSTRAVA	5.45	.61	2.05	7.19	15.73	293228.
143. PŘEROV	11.49	.26	2.16	6.47	16.92	77240.
144. PROSTĚJOV	3.29	.39	2.35	8.18	13.59	79912.
145. RÝMAŘOV	2.86	.17	1.74	6.22	3.88	15541.
146. ŠTERNBERK	4.86	.15	2.00	10.09	10.26	38854.
147. ŠUMPERK	7.60	.17	2.33	9.88	9.36	50084.
148. Č. TĚŠÍN	4.96	.35	1.70	5.24	17.70	84549.
149. TIŠNOV	3.61	.19	1.76	6.62	15.87	37631.
150. TŘEBÍČ	4.72	.18	1.61	5.94	15.79	57919.
151. MOR. TŘEBOVÁ	3.75	.17	2.09	7.91	8.78	54516.
152. VSETÍN	3.17	.15	1.68	5.31	11.85	45610.
153. VYŠKOV	4.21	.19	1.85	7.87	15.61	93194.
154. ZÁBŘEH	4.93	.14	1.71	5.58	12.41	48553.
155. ZLÍN (GOTTWALDOV)	2.87	.44	2.14	5.54	7.11	94706.
156. ZNOJMO	4.83	.27	1.95	9.99	9.75	75744.

Tabelle B4 Soziale Struktur der anwesenden Bevölkerung am 22.5.1947 in %

Bezirk	Selbständige	Beamte	Angestellte	Arbeiter	ohne Angabe
1. AŠ	11.10	15.19	11.30	60.09	2.33
2. BENEŠOV	41.66	11.66	11.51	32.79	2.39
3. BEROUN	19.47	16.44	14.84	46.05	3.21
4. BÍLINA	19.43	8.32	9.66	60.45	2.14
5. BLATNÁ	57.93	7.08	6.74	25.67	2.57
6. MLADÁ BOLESLAV	27.76	16.96	10.03	42.33	2.91
7. BRANDÝS N/L.	24.80	16.12	12.32	43.51	3.24
8. ČESKÝ BROD	34.25	12.08	11.09	38.84	3.74
9. HAVL. BROD	40.15	12.25	10.96	33.73	2.92
10. BROUMOV	31.18	11.46	9.36	45.47	2.52
11. Č. BUDĚJOVICE	30.34	16.32	13.22	36.33	3.80
12. NOVÝ BYDŽOV	50.04	9.55	8.20	28.78	3.43
13. ČÁSLAV	46.98	9.59	7.34	32.72	3.38
14. DĚČÍN	18.54	15.87	13.86	48.95	2.77
15. DOMAŽLICE	43.24	10.94	8.76	33.47	3.60
16. DUBÁ	49.23	8.95	9.40	29.88	2.55
17. DUCHCOV	9.77	9.52	11.31	66.83	2.57
18. DVŮR KRÁL. N/L.	29.87	12.53	10.56	43.72	3.32
19. FALKNOV	10.46	11.38	9.83	66.38	1.96
20. FRÝDLANT	30.39	10.91	9.78	46.04	2.89
21. KUTNÁ HORA	43.83	11.26	7.65	33.89	3.37
22. HOŘICE	44.47	11.04	9.66	31.02	3.80
23. HOŘOVICE	23.86	12.16	13.10	46.99	3.89
24. JINDŘ. HRADEC	44.70	10.98	7.72	33.52	3.07
25. HR. KRÁLOVÉ	28.43	21.67	11.27	35.14	3.49
26. MN. HRADIŠTĚ	39.90	10.09	10.14	36.61	3.27
27. HUMPOLEC	50.74	7.96	6.91	31.90	2.49
28. CHEB	21.35	17.13	16.77	42.04	2.71
29. CHOMUTOV	16.03	13.38	13.90	54.13	2.56
30. CHOTĚBOŘ	49.53	6.98	6.00	34.87	2.63
31. CHRUDIM	35.71	10.41	8.17	41.95	3.75
32. JABLONEC N/N.	14.53	14.60	10.33	58.08	2.46
33. JABLONNÉ	39.71	10.21	8.73	38.27	3.09
34. JÁCHYMOV	12.37	12.89	11.54	59.48	3.72
35. JAROMĚŘ	34.38	14.74	10.63	37.36	2.90
36. JIČÍN	45.81	12.67	8.83	28.93	3.76
37. JILEMNICE	34.44	11.36	8.42	41.87	3.91
38. JÍLOVÉ	30.71	9.48	9.37	46.35	4.10
39. KADAŇ	34.28	10.85	8.73	43.94	2.20
40. KAMENICE N/L.	58.19	7.51	6.43	25.26	2.61
41. KAPLICE	43.20	9.45	10.50	34.90	1.95
42. KLADNO	14.20	15.02	12.57	55.09	3.12
43. KLATOVY	47.08	12.27	9.00	28.88	2.77
44. KOLÍN	30.82	14.02	11.55	40.66	2.95
45. KRALOVICE	49.83	7.42	8.29	31.54	2.92
46. KRALUPY	22.33	13.59	16.17	44.72	3.20
47. KRASLICE	11.28	13.56	8.87	63.60	2.69
48. Č. KRUMLOV	31.71	12.55	9.34	44.18	2.22
49. MAR. LÁZNĚ	26.05	20.78	13.67	36.56	2.94
50. LEDEČ	56.34	6.57	5.86	28.82	2.42
51. LIBEREC	15.87	20.91	13.54	46.57	3.12
52. Č. LÍPA	25.48	14.18	12.01	45.96	2.36
53. LITOMĚŘICE	36.17	14.97	10.31	35.54	3.01
54. LITOMYŠL	55.52	7.59	7.27	27.16	2.45

Fortsetzung

Tabelle B4 Soziale Struktur der anwesenden Bevölkerung am 22.5.1947 in %

Bezirk	Selbständige	Beamte	Angestellte	Arbeiter	ohne Angabe
55. LOKET	12.01	8.36	10.38	66.91	2.34
56. LOUNY	31.41	12.73	20.17	32.32	3.37
57. MĚLNÍK	35.86	11.38	10.96	38.51	3.28
58. N. MĚSTO N/MET.	47.09	9.77	7.27	33.60	2.27
59. MILEVSKO	65.47	7.16	6.73	18.52	2.12
60. MOST	9.05	13.17	13.38	62.09	2.31
61. VYSOKÉ MÝTO	42.36	11.92	11.41	31.75	2.56
62. NÁCHOD	28.57	14.16	10.22	44.30	2.74
63. NEJDEK	9.39	11.17	10.47	66.70	2.27
64. NYMBURK	30.64	13.80	22.08	30.71	2.77
65. NOVÁ PAKA	39.08	11.68	11.41	34.91	2.92
66. PARDUBICE	29.44	15.91	11.96	39.62	3.08
67. PELHŘIMOV	59.69	7.67	6.31	24.43	1.90
68. PÍSEK	47.99	12.57	8.97	27.55	2.92
69. PLANÁ	57.05	8.12	6.14	26.54	2.15
70. PLZEŇ	17.72	22.64	15.73	41.35	2.56
71. PODBOŘANY	46.24	7.13	6.96	37.28	2.39
72. PODĚBRADY	42.89	12.84	10.75	30.88	2.64
73. POLIČKA	47.12	8.46	6.59	35.55	2.28
74. PRAHA - STADT	16.79	35.61	15.38	30.13	2.09
75. PRAHA - LAND	16.65	18.76	14.30	46.48	3.80
76. PRACHATICE	47.36	10.09	7.85	31.83	2.87
77. PŘEŠTICE	46.16	7.05	9.64	34.20	2.95
78. PŘÍBRAM	36.18	11.29	9.63	39.00	3.90
79. RAKOVNÍK	29.60	12.19	13.51	41.66	3.04
80. ŘÍČANY	21.41	17.87	17.62	39.18	3.92
81. ROKYCANY	27.95	11.39	9.69	47.22	3.75
82. ROUDNICE N/L.	38.01	10.43	9.98	38.35	3.23
83. RUMBURK	14.24	17.50	13.14	52.20	2.92
84. RYCHNOV N/K.	38.11	12.16	8.99	38.02	2.72
85. SEDLČANY	61.59	6.51	6.86	22.78	2.25
86. SEMILY	32.13	10.37	9.40	45.45	2.65
87. SLANÝ	22.22	10.08	10.52	54.44	2.74
88. STRAKONICE	52.87	8.60	7.48	29.16	1.89
89. STŘÍBRO	32.33	8.78	9.10	47.34	2.45
90. SUŠICE	42.55	9.51	7.67	37.45	2.82
91. ŠLUKNOV	20.30	12.83	8.62	56.28	1.97
92. TÁBOR	44.74	14.40	10.87	27.95	2.03
93. TACHOV	44.15	10.02	7.79	35.92	2.12
94. TEPLÁ	52.70	9.92	7.65	28.11	1.62
95. TEPLICE-ŠANOV	13.64	17.53	11.54	53.56	3.74
96. TŘEBOŇ	40.43	11.19	14.03	32.07	2.27
97. TRUTNOV	21.34	13.89	10.50	52.06	2.22
98. TURNOV	42.25	12.15	9.77	32.72	3.11
99. HORŠ. TÝN	46.46	7.81	7.40	35.10	3.23
100. TÝN N/V.	60.57	8.17	6.10	22.81	2.35
101. ÚSTÍ N/L.	14.39	17.87	15.32	49.78	2.64
102. ÚSTÍ N/O.	30.62	13.86	17.01	35.81	2.71
103. VARNSDORF	13.07	15.93	11.42	57.35	2.22
104. KARL. VARY	17.62	21.39	13.24	44.87	2.88
105. VEJPRTY	12.24	14.25	9.46	61.47	2.58
106. VLAŠIM	54.62	7.66	6.47	29.10	2.14
107. VRCHLABÍ	23.85	14.20	9.78	49.18	2.98
108. ŽAMBERK	44.82	13.39	10.65	28.64	2.51

Fortsetzung

Tabelle B4 Soziale Struktur der anwesenden Bevölkerung am 22.4.1947 in %

Bezirk	Selbständige	Beamte	Angestellte	Arbeiter	ohne Angabe
109. ŽATEC	32.64	13.24	12.86	38.46	2.80
110. ŽLUTICE	59.04	6.98	6.52	25.59	1.87
111. MOR. BEROUN	41.25	11.66	7.15	38.51	1.43
112. BÍLOVEC	22.00	9.12	11.38	54.47	3.02
113. BOSKOVICE	32.51	9.50	7.33	47.34	3.32
114. BRNO - STADT	17.02	30.62	12.87	36.20	3.30
115. BRNO - LAND	21.54	12.02	12.58	50.47	3.39
116. UH. BROD	51.78	6.62	6.30	31.65	3.64
117. BRUNTÁL	34.47	11.40	9.05	42.74	2.34
118. MOR. BUDĚJOVICE	55.76	8.82	6.61	26.39	2.42
119. DAČICE	55.79	8.18	6.39	27.44	2.20
120. FRYŠTÁT	6.76	10.21	10.69	69.62	2.72
121. HLUČÍN	14.94	6.15	5.16	66.71	7.04
122. HODONÍN	37.26	9.97	11.31	38.08	3.39
123. HOLEŠOV	42.44	9.61	6.78	38.55	2.61
124. UH. HRADIŠTĚ	37.06	10.04	10.02	38.73	4.14
125. HRANICE	42.11	13.48	9.31	31.66	3.44
126. HUSTOPEČE	49.67	7.28	8.19	32.24	2.62
127. JESENÍK	30.35	13.64	9.29	43.67	3.05
128. NOVÝ JIČÍN	26.09	10.69	8.54	51.44	3.24
129. JIHLAVA	33.21	14.47	10.53	39.02	2.77
130. KRNOV	30.47	14.07	11.59	41.28	2.60
131. KROMĚŘÍŽ	39.42	13.04	9.12	35.11	3.31
132. MOR. KRUMLOV	60.92	5.90	5.51	25.47	2.21
133. KYJOV	43.47	7.38	7.38	37.19	4.58
134. LITOVEL	43.84	8.56	7.36	37.43	2.80
135. N. MĚSTO NA MOR.	54.15	7.55	6.21	29.36	2.73
136. VAL. MEZIŘÍČÍ	35.48	11.39	9.45	40.01	3.66
137. VEL. MEZIŘÍČÍ	56.43	7.51	5.84	28.41	1.81
138. MIKULOV	54.24	8.91	6.05	27.98	2.81
139. OLOMOUC - STADT	16.51	33.75	14.73	31.81	3.20
140. OLOMOUC - LAND	30.02	10.31	11.42	45.34	2.90
141. OPAVA	29.84	14.59	9.85	41.45	4.27
142. OSTRAVA	13.03	16.09	11.33	57.01	2.55
143. PŘEROV	31.95	14.55	15.77	34.84	2.88
144. PROSTĚJOV	27.52	13.03	8.78	47.46	3.21
145. RÝMAŘOV	35.77	10.27	7.48	44.64	1.84
146. ŠTERNBERK	39.88	10.07	8.89	37.56	3.61
147. ŠUMPERK	26.36	15.08	11.16	43.51	3.89
148. Č. TĚŠÍN	17.19	9.21	9.08	59.84	4.69
149. TIŠNOV	35.47	11.46	7.54	42.24	3.28
150. TŘEBÍČ	39.42	9.81	8.71	39.58	2.48
151. MOR. TŘEBOVÁ	40.61	9.86	7.47	38.90	3.16
152. VSETÍN	35.33	10.51	6.07	44.99	3.09
153. VYŠKOV	35.79	9.68	7.90	43.00	3.63
154. ZÁBŘEH	39.39	9.29	8.68	39.53	3.11
155. ZLÍN (GOTTWALDOV)	23.82	17.10	9.02	47.63	2.43
156. ZNOJMO	48.87	11.39	8.36	28.82	2.55

Slowakei

Tabelle B5 Stimmenanteile bei den Wahlen im Jahre 1946 in %

Bezirk	Demokraten	Kommunisten	Partei d.Arbeit	Partei d.Freiheit	Leere Zettel
1. NOVÁ BAŇA	56.45	38.44	2.79	1.44	.89
2. BÁNOVCE NAD BEBRAVOU	63.48	33.51	1.22	1.07	.70
3. BARDEJOV	65.45	31.55	1.93	.67	.41
4. BRATISLAVA (Stadt)	64.26	26.80	4.64	2.89	1.42
5. BRATISLAVA (Land)	53.02	33.84	7.34	4.78	1.02
6. BREZNO NAD HRONOM	37.65	56.17	2.60	2.79	.78
7. BANSKÁ BYSTRICA	53.43	41.22	1.82	2.85	.69
8. POVÁŽSKÁ BYSTRICA	51.11	43.77	2.49	1.63	1.01
9. VEL'KÁ BYTČA	57.91	36.85	2.50	1.90	.83
10. ČADCA	69.86	25.83	2.47	1.26	.57
11. STARÁ ĎALA	65.18	27.32	2.88	3.49	1.13
12. FELEDINCE	53.76	38.18	4.29	3.13	.64
13. GALANTA	60.16	34.53	1.93	2.58	.81
14. GELNICA	49.93	44.88	2.07	2.10	1.01
15. GIRALTOVCE	72.42	21.41	1.58	4.18	.42
16. HLOHOVEC	60.85	34.07	2.03	2.36	.69
17. HUMENNÉ	71.11	21.68	2.83	3.81	.57
18. KRÁL'OVSKÝ CHLUMEC	64.48	31.15	1.87	.84	1.67
19. ILAVA	57.01	35.63	2.05	4.52	.79
20. MODRÝ KAMEŇ	64.43	23.96	1.52	9.31	.78
21. VEL'KÉ KAPUŠANY	70.09	21.58	4.57	2.37	1.39
22. KEŽMAROK	66.29	29.43	1.28	2.37	.62
23. KOMÁRNO	57.19	31.32	2.60	7.52	1.37
24. KOŠICE (Stadt)	68.38	15.75	9.84	4.70	1.33
25. KOŠICE (Land)	77.82	12.62	4.59	4.39	.58
26. KREMNICA	63.50	30.14	3.32	1.94	1.10
27. KRUPINA	63.76	19.66	1.75	14.28	.55
28. DOLNÝ KUBÍN	82.69	14.55	1.40	.83	.53
29. LEVICE	46.40	24.13	2.37	26.34	.77
30. LEVOČA	78.68	18.98	1.13	.78	.43
31. STARÁ L'UBOVŇA	64.35	33.47	1.10	.60	.48
32. LUČENEC	54.45	35.39	7.12	2.31	.73
33. MALACKY	57.09	33.48	4.83	3.65	.95
34. TURČIANSKY SVÄTÝ MARTIN	56.48	38.76	2.08	1.95	.73
35. MEDZILABORCE	57.71	36.50	3.33	1.79	.67
36. KYSUCKÉ NOVÉ MESTO	61.97	32.93	1.70	2.78	.62
37. NOVÉ MESTO NAD VÁHOM	42.89	33.69	1.97	20.50	.95
38. MICHALOVCE	72.00	18.72	3.38	5.10	.80
39. LIPTOVSKÝ SVÄTÝ MIKULÁŠ	54.49	38.49	3.87	2.21	.95
40. MODRA	60.64	27.57	2.72	8.29	.79
41. MOLDAVA NAD BODVOU	68.91	22.66	1.59	6.20	.64
42. ZLATÉ MORAVCE	63.83	27.26	2.40	5.80	.71
43. MYJAVA	48.36	45.49	3.69	.89	1.56
44. NÁMESTOVO	94.90	3.70	.74	.37	.30
45. NITRA	61.68	30.16	2.36	5.19	.62
46. PARKAN	68.48	27.14	1.57	1.61	1.20
47. PIEŠT'ANY	61.65	28.87	1.42	7.26	.80
48. POPRAD	64.28	29.96	3.23	1.60	.92
49. PREŠOV	77.61	18.71	1.85	1.35	.48
50. PRIEVIDZA	59.60	35.66	2.60	1.46	.69
51. PÚCHOV	65.37	28.43	3.11	2.36	.73
52. REVÚCA	47.08	48.55	1.73	1.98	.66
53. ROŽŇAVA	43.87	51.96	2.22	.64	1.32
54. RUŽOMBEROK	64.55	32.29	1.31	1.13	.72

Fortsetzung

Tabelle B5 Stimmenanteile bei den Wahlen im Jahre 1946 in %

Bezirk	Demokraten	Kommunisten	Partei d.Arbeit	Partei d.Freiheit	Leere Zettel
55. SABINOV	64.76	29.64	2.05	3.04	.51
56. SENICA	64.37	28.47	2.39	3.94	.83
57. SKALICA	54.56	39.11	1.36	3.98	.98
58. SNINA	76.01	19.16	2.09	2.10	.65
59. RIMAVSKÁ SOBOTA	50.12	36.62	5.67	6.81	.79
60. SOBRANCE	90.33	6.71	1.15	1.20	.61
61. DUNAJSKÁ STREDA	55.57	41.82	1.31	.73	.58
62. STROPKOV	59.01	37.94	1.14	1.14	.76
63. SVIDNÍK	38.03	59.18	1.47	.62	.70
64. ŠAL'A	55.16	34.36	4.02	5.84	.62
65. ŠAMORÍN	62.54	33.72	1.14	1.78	.83
66. BANSKÁ ŠTIAVNICA	58.56	32.90	5.12	2.39	1.03
67. TOPOL'ČANY	59.21	37.21	1.50	1.36	.72
68. TORNAL'A	65.84	29.65	2.22	.80	1.48
69. TREBIŠOV	76.77	15.87	4.33	2.35	.68
70. TRENČÍN	59.83	31.44	3.27	4.75	.71
71. TRNAVA	60.49	30.26	5.91	2.59	.74
72. TRSTENÁ	92.26	5.57	.78	1.09	.29
73. SPIŠSKÁ NOVÁ VES	68.40	24.11	5.66	1.19	.64
74. SPIŠSKÁ STARÁ VES	78.08	19.27	.69	1.36	.60
75. VRÁBLE	53.94	33.13	4.92	7.34	.67
76. VRANOV NAD TOPL'OU	73.53	22.83	1.43	1.60	.60
77. NOVÉ ZÁMKY	55.58	33.03	7.22	3.03	1.14
78. ZVOLEN	58.76	35.12	3.10	2.42	.60
79. ŽELIEZOVCE	49.68	43.39	2.20	3.56	1.17
80. ŽILINA	62.42	32.68	2.62	1.55	.73

Tabelle B6 Stimmenanteile bei der Abstimmung im Jahre 1948 in %

Bezirk	Einheitsliste	Weiße Zettel	Ungültige Stimmen	Anwesende Bevölkerung Volkszählg.1946 (Pers.)
1. NOVÁ BAŇA	91.56	7.96	.48	29373.
2. BÁNOVCE NAD BEBRAVOU	82.17	17.25	.57	34982.
3. BARDEJOV	89.57	9.25	1.18	39316.
4. BRATISLAVA (Stadt)	89.65	8.47	1.87	165134.
5. BRATISLAVA (Land)	77.33	21.94	.73	30269.
6. BREZNO NAD HRONOM	84.79	14.47	.74	48460.
7. BANSKÁ BYSTRICA	79.08	19.41	1.50	48971.
8. POVÁŽSKÁ BYSTRICA	70.20	28.38	1.42	31953.
9. VEL'KÁ BYTČA	79.40	19.59	1.01	28420.
10. ČADCA	80.73	17.96	1.30	46268.
11. STARÁ ĎALA	96.27	3.27	.46	56226.
12. FELEDINCE	94.84	5.10	.06	34299.
13. GALANTA	86.63	12.92	.44	70728.
14. GELNICA	96.54	2.84	.61	25470.
15. GIRALTOVCE	83.70	15.70	.60	20639.
16. HLOHOVEC	87.25	12.12	.63	45995.
17. HUMENNÉ	82.25	16.95	.81	24264.
18. KRÁL'OVSKÝ CHLUMEC	97.24	2.71	.06	32123.
19. ILAVA	90.73	8.58	.70	26966.
20. MODRÝ KAMEŇ	92.65	6.96	.39	35917.
21. VEL'KÉ KAPUŠANY	93.43	5.18	1.39	17590.
22. KEŽMAROK	95.29	3.64	1.07	30369.
23. KOMÁRNO	98.04	1.83	.13	63232.
24. KOŠICE (Stadt)	91.12	8.00	.88	51689.
25. KOŠICE (Land)	93.69	4.98	1.33	61854.
26. KREMNICA	79.32	20.31	.36	20244.
27. KRUPINA	90.06	8.98	.96	49151.
28. DOLNÝ KUBÍN	59.96	38.37	1.67	20413.
29. LEVICE	95.79	3.96	.26	44661.
30. LEVOČA	84.30	14.82	.88	25867.
31. STARÁ L'UBOVŇA	86.97	9.33	3.70	22845.
32. LUČENEC	92.33	7.37	.30	73399.
33. MALACKY	73.65	25.41	.94	44332.
34. TURČIANSKY SVÄTÝ MARTIN	75.03	23.86	1.11	56365.
35. MEDZILABORCE	92.68	6.69	.63	19485.
36. KYSUCKÉ NOVÉ MESTO	67.78	31.29	.93	33559.
37. NOVÉ MESTO NAD VÁHOM	80.02	18.66	1.32	46926.
38. MICHALOVCE	85.85	12.74	1.40	49093.
39. LIPTOVSKÝ SVÄTÝ MIKULÁŠ	81.01	17.88	1.10	54274.
40. MODRA	68.23	29.65	2.12	39235.
41. MOLDAVA NAD BODVOU	88.85	9.89	1.26	30231.
42. ZLATÉ MORAVCE	95.16	4.14	.70	39989.
43. MYJAVA	70.64	27.83	1.53	24777.
44. NÁMESTOVO	25.27	67.49	7.24	31320.
45. NITRA	94.40	5.43	.17	83326.
46. PARKAN	100.00	0.00	0.00	47448.
47. PIEŠT'ANY	91.07	8.04	.88	47206.
48. POPRAD	90.32	8.11	1.57	30146.
49. PREŠOV	88.02	8.98	3.00	65965.
50. PRIEVIDZA	89.56	9.92	.52	63558.
51. PÚCHOV	68.02	30.71	1.28	31852.
52. REVÚCA	99.49	.50	.01	20429.
53. ROŽŇAVA	96.83	2.58	.59	41279.
54. RUŽOMBEROK	86.34	9.60	4.06	41434.

Fortsetzung

Tabelle B6 Stimmenanteile bei der Abstimmung im Jahre 1948 in %

Bezirk	Einheitsliste	Weiße Zettel	Ungültige Stimmen	Anwesende Bevölkerung Volkszählg. 1946 (Pers.)
55. SABINOV	90.11	7.60	2.29	45049.
56. SENICA	67.82	30.37	1.81	40377.
57. SKALICA	69.88	29.06	1.06	33549.
58. SNINA	89.60	8.72	1.68	30184.
59. RIMAVSKÁ SOBOTA	87.51	11.84	.64	42223.
60. SOBRANCE	85.19	13.35	1.46	26277.
61. DUNAJSKÁ STREDA	99.25	.67	.08	48608.
62. STROPKOV	92.14	7.58	.28	15169.
63. SVIDNÍK	85.38	13.55	1.07	14096.
64. ŠAL'A	94.34	4.80	.86	51743.
65. ŠAMORÍN	93.00	6.78	.21	41089.
66. BANSKÁ ŠTIAVNICA	93.17	4.93	1.90	20268.
67. TOPOL'ČANY	88.75	10.13	1.12	69147.
68. TORNAL'A	99.47	.46	.07	21793.
69. TREBIŠOV	93.03	6.35	.62	47993.
70. TRENČÍN	75.99	22.66	1.35	56544.
71. TRNAVA	75.89	23.29	.81	76581.
72. TRSTENÁ	60.45	39.08	.47	15748.
73. SPIŠSKÁ NOVÁ VES	89.04	9.77	1.19	38733.
74. SPIŠSKÁ STARÁ VES	56.27	41.85	1.88	10040.
75. VRÁBLE	96.24	3.54	.22	37177.
76. VRANOV NAD TOPL'OU	95.15	4.14	.72	31936.
77. NOVÉ ZÁMKY	95.72	4.04	.24	58561.
78. ZVOLEN	66.91	31.93	1.15	55496.
79. ŽELIEZOVCE	98.11	1.69	.20	31069.
80. ŽILINA	73.89	25.55	.55	69037.

Tabelle B7 Sektorale Struktur der anwesenden Bevölkerung am 4.10.1946 in %

Bezirk	Landw.u. Forstw.	Industrie	Handel u.Verk.	Öff.Dienst u.Freie Berufe	Haush. Dienste	And.Ber. u.ohne Angabe
1. NOVÁ BAŇA	39.02	30.53	7.67	3.69	1.03	18.06
2. BÁNOVCE NAD BEBRAVOU	53.97	19.75	4.43	3.75	.40	17.70
3. BARDEJOV	75.97	8.42	4.30	3.77	.50	7.04
4. BRATISLAVA (Stadt)	3.14	27.90	23.00	23.72	5.44	16.80
5. BRATISLAVA (Land)	25.64	27.57	20.86	8.60	.60	16.72
6. BREZNO NAD HRONOM	32.08	33.95	12.88	3.51	.48	17.09
7. BANSKÁ BYSTRICA	18.46	37.13	13.44	8.53	1.60	20.84
8. POVÁŽSKÁ BYSTRICA	44.50	36.87	5.70	2.54	.51	9.88
9. VEL'KÁ BYTČA	36.66	21.83	10.12	3.52	.58	27.30
10. ČADCA	47.88	17.45	12.86	2.62	.74	18.46
11. STARÁ ĎALA	77.57	7.86	3.11	2.98	.30	8.18
12. FELEDINCE	57.43	15.88	3.69	3.92	.23	18.85
13. GALANTA	51.03	22.60	8.21	3.94	.70	13.50
14. GELNICA	11.01	33.24	22.72	4.15	.59	28.29
15. GIRALTOVCE	77.99	6.01	2.88	2.18	.09	10.85
16. HLOHOVEC	45.36	18.93	12.10	4.51	.51	18.58
17. HUMENNÉ	62.54	10.68	8.96	4.69	.51	12.62
18. KRÁL'OVSKÝ CHLUMEC	61.46	10.13	6.88	3.82	.37	17.36
19. ILAVA	33.02	37.87	9.27	4.26	.75	14.82
20. MODRÝ KAMEŇ	76.11	8.27	2.15	2.96	.11	10.40
21. VEL'KÉ KAPUŠANY	75.87	9.95	2.29	3.86	.19	7.84
22. KEŽMAROK	47.88	23.66	7.61	6.89	1.11	12.85
23. KOMÁRNO	50.86	15.52	7.57	5.74	1.00	19.31
24. KOŠICE (Stadt)	2.40	32.41	23.32	16.84	4.92	20.13
25. KOŠICE (Land)	57.91	7.60	12.22	2.87	.11	19.30
26. KREMNICA	32.74	25.39	14.82	5.94	.65	20.46
27. KRUPINA	68.97	12.38	5.15	4.32	.58	8.60
28. DOLNÝ KUBÍN	68.21	12.41	7.73	4.48	.84	6.34
29. LEVICE	50.50	17.26	8.69	6.35	1.03	16.18
30. LEVOČA	56.71	15.92	5.17	6.90	1.50	13.81
31. STARÁ L'UBOVŇA	71.17	18.03	2.97	2.99	.41	4.43
32. LUČENEC	40.41	30.86	9.71	4.84	.90	13.29
33. MALACKY	44.39	25.40	10.81	5.49	.90	13.00
34. TURČIANSKY SVÄTÝ MARTIN	27.49	34.09	16.48	7.11	1.40	13.43
35. MEDZILABORCE	78.12	4.77	8.48	3.37	.14	5.12
36. KYSUCKÉ NOVÉ MESTO	54.80	22.87	15.03	2.08	.58	4.64
37. NOVÉ MESTO NAD VÁHOM	52.91	24.75	7.85	4.78	.74	8.98
38. MICHALOVCE	66.87	13.82	6.95	4.72	.55	7.09
39. LIPTOVSKÝ SVÄTÝ MIKULÁŠ	34.83	36.06	12.11	4.70	.83	11.47
40. MODRA	46.96	20.86	15.18	6.94	.94	9.12
41. MOLDAVA NAD BODVOU	54.96	22.02	4.93	3.94	.37	13.78
42. ZLATÉ MORAVCE	59.25	18.95	6.83	4.20	.42	10.35
43. MYJAVA	57.14	27.61	4.25	3.17	.39	7.44
44. NÁMESTOVO	87.24	5.19	2.29	2.30	.28	2.70
45. NITRA	48.08	21.90	9.09	6.73	1.30	12.91
46. PARKAN	63.02	16.93	6.65	3.36	.52	9.52
47. PIEŠT'ANY	46.22	24.02	9.81	8.12	1.43	10.40
48. POPRAD	29.06	44.17	11.76	6.43	1.43	7.14
49. PREŠOV	51.34	16.36	9.75	7.23	1.06	14.25
50. PRIEVIDZA	43.64	34.63	6.63	4.08	.75	10.27
51. PÚCHOV	50.39	30.78	7.85	2.96	.59	7.42
52. REVÚCA	31.70	42.18	6.42	5.04	.92	13.75
53. ROŽŇAVA	27.34	43.06	8.59	4.22	1.29	15.50
54. RUŽOMBEROK	15.65	49.04	13.93	6.86	1.35	13.18

Fortsetzung

Tabelle B7 Sektorale Struktur der anwesenden Bevölkerung am 4.1o.1946 in %

Bezirk	Landw.u. Forstw.	Industrie	Handel u.Verk.	Öff.Dienst u.Freie B.	Haush. Dienste	And.Ber. u.ohne Ang.
55. SABINOV	81.05	7.11	5.09	3.21	.37	3.17
56. SENICA	59.93	23.46	6.10	3.47	.64	6.40
57. SKALICA	47.71	28.27	8.92	4.84	.83	9.43
58. SNINA	84.24	5.29	2.69	1.97	.17	5.65
59. RIMAVSKÁ SOBOTA	45.02	27.23	8.71	6.37	.96	11.71
60. SOBRANCE	78.73	7.31	1.75	3.22	.13	8.86
61. DUNAJSKÁ STREDA	69.83	12.81	4.52	3.18	.64	9.01
62. STROPKOV	80.66	9.26	2.81	2.89	.15	4.24
63. SVIDNÍK	87.92	3.87	1.44	2.05	.06	4.67
64. ŠAL'A	63.40	12.60	5.76	2.96	.47	14.81
65. ŠAMORÍN	60.99	18.55	5.21	4.61	.64	10.01
66. BANSKÁ ŠTIAVNICA	23.51	39.53	6.95	6.21	1.36	22.44
67. TOPOL'ČANY	43.56	30.61	8.36	4.34	.82	12.31
68. TORNAL'A	56.87	19.15	5.49	5.13	.40	12.96
69. TREBIŠOV	63.57	14.81	8.59	3.84	.29	8.91
70. TRENČÍN	32.62	39.72	10.54	8.60	2.08	6.44
71. TRNAVA	38.85	30.03	15.16	6.28	.92	8.75
72. TRSTENÁ	71.32	13.14	7.56	3.52	.34	4.13
73. SPIŠSKÁ NOVÁ VES	26.09	28.02	21.31	6.29	.98	17.31
74. SPIŠSKÁ STARÁ VES	83.14	5.33	2.56	4.01	.46	4.50
75. VRÁBLE	70.13	8.24	5.36	2.79	.26	13.21
76. VRANOV NAD TOPL'OU	70.49	11.91	6.82	2.69	.38	7.71
77. NOVÉ ZÁMKY	42.78	21.77	16.41	5.03	1.66	12.35
78. ZVOLEN	50.32	20.61	15.96	4.55	1.71	6.85
79. ŽELIEZOVCE	70.17	14.32	4.33	2.88	.39	7.92
80. ŽILINA	36.61	32.37	15.86	5.61	1.66	7.91